David Kalisch
Wilhelm Tell
in Posemuckel

DAVID KALISCH

WILHELM TELL IN POSEMUCKEL

Satirisches
aus dem
Kladderadatsch

Eulenspiegel Verlag
Berlin

*Herausgegeben und mit einem Nachwort
von Manfred Nöbel*

Illustrationen von Rudolf Peschel

ISBN 3-359-00126-5

Wilhelm Tell in Posemuckel

Eben stopfte sich der Bürgermeister Kriesewenzel seine zweite Morgenpfeife, als der Polizeidiener den Theaterzettel brachte. Da stand es groß gedruckt:

Heute, Posemuckel, den 18. Oktober

**Zur Feier der Völkerschlacht bei Leipzig,
für Freiheit, Recht und Deutschlands Einheit:**

„WILHELM TELL"
Schauspiel in fünf Aufzügen

Der Unterzeichnete hat kein Opfer gescheut, dem hochverehrten Publico einen genußreichen Abend zu verschaffen. Der Inhalt des Stückes ist ebenso unterhaltend als lehrreich. Wilhelm Tell, Demokrat vom reinsten Wasser und Präsident des Bürgerwehr-Clubs* im Kanton Uri, schließt sich, trotz zahlreicher Familie, der Bewegung der Zeit an und legt sich selbst auf den Altar des Vaterlandes. Geßler, ein Mann der Junkerpartei, unterdrückt als solcher jede freiere Richtung und stirbt mit den Worten: „Das ist Tell's Geschoß!" in einem von dem Theatermaler eigens dazu verfertigten Hohlwege.
Um zahlreichen Zuspruch bittet   Strufke,
                                   Theater-Unternehmer.

---

* Anmerkungen auf S. 162 ff.

„Daß ihn siebenundsiebzigmal der Teufel hole, den verwünschten Komödianten!" fluchte Kriesewenzel mit kirschrotem Gesicht. „Auf der Stelle soll er herkommen, der Schlummerkopf, und das Schandstück mitbringen!"

Eiligst verließ der Polizeidiener das Amtslokal, stürzte über den Markt und erreichte bald die „Schwarze Taube", in deren oberen Räumen die Bretter, so die Welt bedeuten, aufgeschlagen waren.

„Was gibt es?" fragte ein kleiner, untersetzter Mann, dessen gelbes Gesicht einen Faltenwurf zeigte, der jeder Toga Ehre gemacht haben würde.

„Sie sollen gleich zum Bürgermeister rüberkommen und den Schlummerkopf, den Wilhelm Tell, mitbringen."

„Da haben wir's!" rief der Erschrockene, „da haben wir die Bescherung; das kommt aber von Ihren Annoncen, Herr Bosenberger. Sie haben schon wieder den Namen Schiller weggelassen!"

„Aber Herr Direktor", versetzte der Regisseur Bosenberger, „Sie wissen ja, sowie die Posemuckler den Namen ‚Schiller' lesen, wird es gepfropft leer. Von dem Manne haben sie, sagen sie, schon alles aus der Leihbibliothek gelesen."

Ohne jedoch diese Antwort abzuwarten, hatte sich Strufke bereits auf den Weg gemacht, und in wenigen Minuten stand er mit dem verlangten Buche vor der Spitze der Posemuckler Obrigkeit.

„Was besagt Paragraph 1, 2 und 3 der neuen Theaterordnung?" herrschte ihm Kriesewenzel entgegen, nahm einen dicken Quartband von seinem Schreibtisch, schlug das betreffende Gesetz auf und las:

„§ 1 Keine öffentliche Theatervorstellung darf ohne ausdrückliche Erlaubnis der Behörde stattfinden.

§ 2 Dem Gesuche zur Darstellung muß die Einreichung des zur Aufführung bestimmten Stückes vorangehen, und

§ 3 Die Behörde prüft demnächst, ob nach den hierüber vorhandenen Bestimmungen sicherheits- oder sittenpolizeiliche Bedenken der beabsichtigten Vorstellung entgegenstehen und wird, je nach Befund, die Erlaubnis erteilen, versagen oder von Erfüllung gewisser Bedingungen abhängig machen.

Haben Sie die Erlaubnis eingeholt? Ist mir das Stück eingereicht? Hab ich es geprüft und befunden? Antworten! Reden!"

„Es ist ja der ,Wilhelm Tell', Herr Oberbürgermeister, das alte bekannte Schauspiel vom seligen Herrn von Schiller", bemerkte schüchtern Strufke und überreichte dem Bürgermeister den sechsten Band von Schillers Sämtlichen Werken.

„Fixen, Faxen!" entgegnete dieser, auf das Titelblatt weisend. „Hier steht es schwarz auf weiß: Stuttgart und Tübingen, Cotta'sche Buchhandlung *1848*. Ist in dem tollen Jahre gedruckt und wird auch wohl danach sein!"

„Eine neue Ausgabe, Herr Bürgermeister."

„Ausreden, nichts als Ausreden!" meinte Kriesewenzel. „Und", fuhr er nach einer kleinen Pause fort, während welcher er in dem Buche geblättert und gelesen, „hier, sehen Sie her, ist ja reiner Aufruhr:

Das Neue dringt herein mit Macht,
Das Alte schwindet, andre Zeiten kommen!

und:

Solches Regiment muß Haß erwerben!

und:

Wir könnten viel, wenn wir zusammenhielten!

Das sind ja alles Stellen aus den Kommunisten-Kongressen, das sind ja —"

„Entschuldigen Sie, Herr Oberbürgermeister", wollte Strufke unterbrechen —

„Machen Sie mir kein X für ein U", rief dieser. „Die Sachen kenne ich!

Was Hände bauten, können Hände stürzen!

Kann das auf etwas anderes gehen als auf die vielen neuen Klöster und Kirchen und Kasernen in Berlin?"

„In Berlin?" wiederholte mechanisch der starr gewordene Direktor.

„Nu, versteht sich!" meinte Kriesewenzel weiterblätternd. „Hier haben Sie's ja:

Walter Tell:
Gibt's Länder, Vater, wo nicht Berge sind?

— Das ist doch Berlin! Das ist klar wie Kloßbrühe — nichts wie Anspielungen und versteckte Ausfälle! Lehren Sie mich die demokratischen Theaterdichter nicht kennen. Das ist alles so schlau angestellt; wenn man das Zeug liest, merkt man gar nichts, aber des Abends, wenn die Schauspieler in die Rage kommen, wenn so was mit der richtigen Handbewegung und dem obligaten Fußtritt deklamiert wird, zum Beispiel hier:

Wann wird der Retter kommen diesem Lande?
— Da weiß ja jeder, was damit gemeint ist, und der Skandal geht los!"

„Ist es die Möglichkeit!" stöhnte ängstlich der Schauspieldirektor. „Und für drei Taler zwanzig Silbergroschen Billetts sind schon verkauft, und meine Frau meint, es wird heute die beste Einnahme im Orte!"

„So kann das Stück nicht bleiben!" bedeutete streng Kriesewenzel. — „Aber ich will mir ja gern jede Änderung gefallen lassen", flehte Strufke.

„Wollen sehen, was sich machen läßt", sagte der durch die Demut des Schauspielers geschmeichelte Stadttyrann. „Setzen Sie sich nieder und schreiben Sie. Ich will versuchen, Ihnen einige Proben zu geben, wie das Ganze geändert werden muß."

Strufke nahm den dargebotenen Stuhl, setzte sich an das Bureau, ergriff die Feder und schickte die sehnsüchtigsten Blicke der Erwartung nach dem zusammengekniffenen Munde der Obrigkeit.

„Ist gar nicht so schwer, wie Sie denken!" hob der Bürgermeister an. „Läßt sich alles machen, lieber Mann! Zum Beispiel hier diese Stelle:

Wir wollen sein ein einig Volk von Brüdern,
In keiner Not uns trennen und Gefahr!

In dem ganzen Satze ist eigentlich weiter nichts Gefährliches als das ‚Volk von Brüdern‘. Das erinnert an ‚fraternité‘, ‚égalité‘, liberté‘ und so weiter. Das geht nicht! Nehmen Sie die ‚Brüder‘ raus und setzen Sie ganz einfach einen andern, weitläufigern Verwandtschaftsgrad."

„Wir wollen sein ein einig Volk von *Onkeln*,
In keiner Not uns trennen und Gefahr?"

fragte Strufke schreibend.

„Jawohl, da haben Sie's! Das ist schon viel besser!" meinte Kriesewenzel. „Und hier", fuhr er fort:

„Wir wollen trauen auf den höchsten Gott
Und uns nicht fürchten vor der Macht der Menschen!

Das ist viel zu stark! ‚Wir wollen uns nicht fürchten vor der Macht der Menschen.' Da sind die Schutzleute gemeint. Das soll das Vertrauen zur Obrigkeit erschüttern. Da muß nun gerade das Gegenteil gesagt, vielleicht eine kleine schmeichelhafte Anspielung auf den Herrn Kultusminister gemacht werden."

„Wir woll'n vertraun auf Se. Exzellenz den Herrn Kultusminister. Und uns nicht fürchten vor dem höchsten Gott!" fragte Strufke.

„So ist's richtig!" schrie Kriesewenzel. „So ändern Sie das ganze Ding, und es kann im Berliner Schauspielhause aufgeführt werden. Aber nun gehen Sie nach Hause und lassen Sie gleich den Theaterzettel umdrucken; denn der muß auch danach sein!"

Eine Stunde später klebte an den Ecken Posemuk-
kels folgender Zettel:

Heute, den 18. Oktober
„WILHELM TELL"
Vaterländisches Drama in fünf Akten
von Friedrich Baron v. Schiller
Hofrat Sr. Hoh. des Großherzogs von Weimar

Wenn ein Dichter wie Schiller einen Stoff wie diesen
in einer Zeit wie diese behandelt, wo das warnende
Schauspiel trostloser Volksverblendung uns vorge-
führt wird, so glaube ich einem hochgeehrten Adel
und geehrten Publico einen genußreichen Abend zu
verschaffen, wenn ich dieses Trauerspiel nach dem
Original aufführe, wie der Dichter es selbst geschrieben. In Wilhelm Tell sehen wir den größten schlei-
chenden Intriganten, den noch die Bühne gezeigt hat.
Seine Worte, wenn er mit sich allein spricht, atmen
verwüstetes Familienglück und heuchlerische Tücke.
Herr Regisseur Bosenberger hat diese Rolle aus Ge-
fälligkeit übernommen und wird sie mit gräßlicher
Wahrheit durchführen. Ich selbst spiele den Geßler
und mache namentlich auf meine Ermordung auf-
merksam. Eine herzzerreißende Szene. Tell wird zu
lebenslänglicher Zuchthausstrafe verurteilt. Mein
Nachfolger jedoch, ein milder und gerechter Herrscher, erläßt ihm ein Jahr von seiner Strafe. Ein glän-
zendes Feuerwerk wird das Ganze beschließen.

Strufke,
Theater-Unternehmer.

(1851)

Schultze beim Eskimo

Es war am vorigten Sonntag.

Ins Opernhaus kriegt schonst lange kein Mensch kein Billjett nicht, wenn er es nicht schon Sonnabend vom Billjetthändler hat; also jing ich zu dem Eskimo in der Friedrichstraße.

Ich entfremde mir an der Kasse von vier jute Jroschen. Er senkt sie ein und sagt: „Jehn Sie man rin, es wird jleich losjehn!"

Jut. Ich warte eine Viertelstunde, es kommt kein Mensch. Ich jehe also wieder retour an die Kasse und sage: „Entschuldigen Sie, Herr Eskimo, meine vier Jute haben Sie zwar verschwunden, aber von Vorstellung is noch keine Rede nich!"

„So?" sagt er, „na denn jehn Sie man rin, es wird jleich losjehn."

„Schön", sage ich, „ich kann ja warten, ich habe ja keinem was zu befehlen."

„Das sollen Sie", sagt er, „jeben Sie noch zwei Jute und die Erklärung bejinnt."

„Schön", sage ich, „hier haben Sie dem Gelde, bejinnen Sie."

Also bejinnt et, und er jeht über eine Friesdecke, entwickelt zwei ausjewachsene Aale, läßt sich von die Tiere mit'n Zungenschlag ins Gesicht rumfahren und fängt nu an: „Dieses ist die Anaconda oder sojenannte Riesenschlange. Sie frißt Ochsen und wird verjöttert."

„Wo ist denn der Jurkensalat?" frage ich.

„Wozu denn?" fragt er.

„Na zu die Aale", sag' ich. „Aber lassen Sie man!"
sag ich. „Zeigen Sie mich nur jefälligst den Eskimo."

„Jut", sagt er. „Paremparemparemhaudibom!" Und
auf dieses Wort kommt hinter einer Pferdedecke ein
unjlücklicher Jreis vor, mit klebrige Pechlocken, eine
nackigte Brust und fremdartige Atmosphäre, so daß
mich etwas übel wurde.

„Dieses ist der sogenannte Eskimo oder Kakerlake",
sagt er. „Er lebt bloß von Renntier und ißt fortwäh-
rend im Tran. Er wohnt in Höhlen und sieht nur bei
Nacht, weshalb er sich nur auf Abendzeitungen abon-
nieren kann. Im freien Zustande beschmiert er sich
den Körper und läßt es eintrocknen, was ihm ein
dunkles Aussehen gibt. Er ist ein Mensch wie wir,
bloß nicht so propper. Dieser scheint jedoch nur eine
Abart von Eskimo zu sein. Die vielen Flecken auf seiner Haut lassen den Finnen vermuten; seine Kleidung
zeigt jedoch den Lappen oder stammverwandten Sa-
mojeder ist sich selbst der Nächste. Seife kennt er nur
als Nahrungsmittel. Sein Wasserstand ist abwechselnd,
sein Pegel nie über Petitpierre unterm Jefrierpunkt.
Seine Hauptleidenschaft ist Rauchen. Wenn es ihm an
Toback mangelt, stoppt er sich Schnee in die Pfeife."

„Paremparemparemhaudibom!"

„Er jrüßt Sie und bedauert, sich nicht mit Ihnen unterhalten zu können!"

Ehe ich mir noch von die Erklärung erholt habe,
nimmt mein Eskimo janz ruhig einen Teller hinter der
Pferdedecke vor und kommt bei mir sammeln.

„Wie?" sag ich, „das ist allens vor sechs Jute, und nu

noch sammeln? Das wäre ja noch schöner!" und reiße mir einen bereits wacklich gewordenen Hosenknopf von die Buxen und werf'n auf'n Teller.

„Nanu?" sagt der Eskimo.

„Was?" sag ich. „Nanu sagen Sie? Sie sagen nanu?"

„Jewiß!" sagt er. „Wie können Sie mich einen Hosenknopf auf'n Teller werfen?"

„Wie?" sag ich, „Sie sprechen Berlinisch und wollen Eskimo sind? Des is ja reiner Schwindel. Jehn Sie ja ab, sag ich Ihnen, sonst stech ick Ihnen eine in die Polargegend, daß Sie bis an die Küste von Labrador zurückfliegen. Sie nachjemachter Jrönländer, Sie!"

„Was ist denn hier los?" fragt nu der Mann von der Kasse und jibt mir einen Stoß, daß ich auf die Straße rausfliege. —

In diesem Augenblick kommt Müller und fragt mir, wo ich so rasch hinwill.

„Wo's hübsch ist", sag ich. „Ich bin nu mal in's Ethnologische, ich möchte fremde Völkerschaften sehen!"

„Jut", sagt er, „denn wollen wir zu Tom Poucen, zum Orang Utang oder zu den Azteken!"

„Nein", sag ich, „das sind mir allens zu kleine Herren, ich möchte was Jroßartiges."

„Jut!" sagt er, „denn sehen wir uns das neue schöne Bild an:

Die kleinen deutschen Fürsten scharen sich —
um Preußen zu demütigen."

„Nee", sag ich, „denn sehe ich mir schon lieber den fliegenden Hund an."*

(1851)

---

* Näheres über den fliegenden Hund siehe S. 64 (Der Herausgeber)

Der alte Landmann

Nicht nur die alten Gesangbücher verlangen eine strenge Revision, auch die alten Anthologien. So finden wir noch immer in den meisten deutschen Liedersammlungen das zur Genüge bekannte Couplet „Der alte Landmann", dessen Tendenz dahin geht, die Regierung herabzusetzen und in den unteren Klassen Haß und Verachtung gegen die Besitzenden zu säen.

Das Mitglied des berüchtigten Göttinger Hainbunds der hannöver'schen Partikularisten und Sozialisten, Ludwig Heinrich Christoph *Hölty*, sucht zunächst gewisse Finanzmänner zu verdächtigen, indem er mit dem alten Scherz:

> Üb' immer Treu und Redlichkeit
> Bis an dein kühles Grab,
> Und weiche keinen Finger breit
> Von Gottes Wegen ab.

beginnt und höchst ungeschickt gleich eine Reklame für die Wasserheilanstalten damit verbindet:

> Dann singest du beim *Wasser*krug,
> Als wär dir Wein gereicht.

Oder meint Herr Hölty vielleicht, daß der ehrliche Mann unter dem gegenwärtigen Steuerdruck *Wasser* trinken muß, um destruktive Lieder dabei zu singen? Wenigstens spricht für die letztere Annahme der gleich darauf folgende Vers:

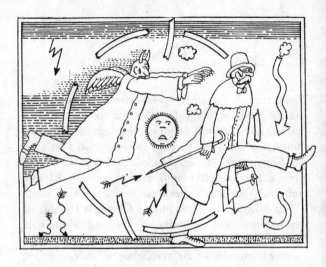

Dem Bösewicht wird alles *schwer*,
Er tue, was er tu —

Das heißt, mag er Betrug auf Betrug häufen, sein Portemonnaie wird doch *schwer*, indes dem Redlichen vom Staate die Taschen erleichtert werden. Empörend — aber weiter:

Der Teufel treibt ihn hin und her,
Und läßt ihm *keine Ruh* —

Welch eine boshafte Anspielung auf die Schlaflosigkeit eines großen Staatsmannes und

Der schöne Frühling lacht ihm nicht,
Ihm lacht kein *Ährenfeld* —

weil alle sog. Volksfeinde à la Hausse auf hohe Brotpreise spekulieren und daher schlechte Ernten wünschen sollen. Pfui!

> Und muß als schwarzer *Kettenhund*
> Vor seiner Haustür stehn.

Aha! Merkt Ihr den Knaben *Veit*? Aber die ohnmächtige Wut des hannöverschen Dichterlings übersteigt schließlich alle Grenzen, wenn er die Äußerung begeht:

> *Der alte Kunz* war bis an's Grab
> Ein rechter Höllenbrand;
> Er pflügte seinem Nachbar ab,
> Und stahl ihm vieles Land.

Wer ist *der alte Kunz*? Wer pflügte seinem Nachbar ab? Wer stahl ihm vieles Land? Wir fordern Hölty auf, sich hierüber deutlicher zu erklären! Schweigt er — nun, so mag die Staatsanwaltschaft ihre Schuldigkeit tun und den gewissenlosen hannöverschen Reimschmied vor die Schranken der Gerichte fordern. Deutschland soll und muß endlich wissen, wer mit dem „alten Kunz" gemeint ist! *Wir wollen keine zweifelhaften alten Kunze!*

(1852)

Die Besteigung
des Monte Cruce bei Berlin

Es war im Winter des Jahres 18**, als ich auf meinen Reisen im Norden die Tempelhofer Ebene erreichte. Viele Wege führen aus diesem Tale nach dem *monte cruce* (Kreuzberg). Gewöhnliche Reisende schlagen zur Besteigung des Gebirges die breite, bequeme Heerstraße ein. Aber ein junger kecker Stürmer, wie ich damals noch war, verschmäht den breitgetretenen Weg der Alltäglichkeit. Er will Klippen, Felsen, Schlünde, Abenteuer, Wunder, Unglück. Nur der Esel geht den gebahnten, ebenen, kürzesten und besten Weg nach der Mühle. Der strebende Mensch wählt den längsten, steilsten, beschwerlichsten. So entschied ich mich denn bald, die Schluchten, die sich zwischen den Kuppen des *monte di Bocko* und den nackten Gipfeln des *Cave dustro* wild und ungeheuerlich hinziehen, mit einem guten, zuverlässigen Führer einzuschlagen.

Aber angelangt auf dem *Castello di Bocko* hörte ich, daß es keinen Führer am Orte gebe und daß mich niemand hinüberbringen könne als der *puer cauponius* der Herberge, der jedoch bereits von einer englischen Familie in Anspruch genommen war, welche sich in derselben Richtung, die ich einzuschlagen gedachte, in das Gebirge begeben wollte.

„Stehen Sie ab von Ihren Vorhaben!" riet mir der greise Wirt des Castells. „Wagen wir selbst doch nur selten und im höchsten Notfalle diesen Weg bei solcher Jahreszeit. Schon mancher ward verschüttet da oben in den Felsen, und mancher Engländer, der das Wagstück unternahm, ist nimmer wiedergekehrt."

Ich verwies den Alten auf mein Reisebuch „Berlin in the westentäsch", nach welchem der *monte cruce* noch nicht 7811 Fuß über dem Meeresspiegel, indes die Schneeregionen erst mit 7812 Fuß beginnen.

Unmutig schüttelte der Alte seine grauen Locken.

Aber mein Sinn stand nach Gefahren und Entsetzen. Ich blieb also bei meinem Plane, den Berg ohne Führer zu besteigen, jedoch unter dem Beistande meines vortrefflichen Handbuches und unter Beobachtung der Vorsicht, die Fußtapfen der englischen Familie zu verfolgen.

Ein frugales Mittagbrot ward bereitet. Schinken, weiche Eier und Hopfenbier, so benannt nach dem Erfinder Mr. Hopf, der noch auf dem *monte di Bocko* leben soll, erquickten meine lechzende Wanderseele. Welch einfaches, gesundes, unverdorbenes Leben waltet noch in der Nähe der Wolken, in diesen einsamen Gebirgsstätten. Ein hölzernes Tönnchen ward auf den Tisch gelegt, fromm und still scharten sich die Familienmitglieder um das schlichte Gefäß und zapften ihre ländliche Mahlzeit so lange daraus, bis ein neues Fäßchen aufgelegt und in die schmucklosen Glasbehälter ohne Deckel gefüllt wurde. Die Verderbnis der Städte, die Unmäßigkeit des flachen Landes hatte hier noch keine Wurzeln geschlagen; und Ordnung, Arbeit, Kraft und Biederkeit schmückten die saftigen, vollen, runden Gesichter der märkischen Alpenbewohner.

Endlich war es vier Uhr nachmittags.

Der Himmel hatte sich ganz mit Wolken bezogen. Alle Höhen ringsum waren in Nebel gehüllt, und der heftige Wind wirbelte aus den Schluchten Sand und Staub in die Höhe.

„Wir werden heut noch Lawinen haben!" sagte der Führer zu den Engländern.

„Lawinen? Sind Sie verrückt?" fragte ich.

„Stoblawinen!" erwiderte er kalt und ruhig in seiner platten Mundart. „Wat in de Schweiz der Schnee is, det is bei uns hier in die ewigen Sandfelder der Stob."

„Do you think here is any danger?" fragte mich der Engländer.

„Do not fear!" erwiderte ich ihm und schloß mich dichter an seine Familie.

Der *monte cruce* hatte bereits jenes matte Aussehen, welches die Zacken und Spitzen seines Monuments ganz bleich auf trübem Weiß erscheinen läßt, und schon wehte von der Südseite der Sturm in kalten Stößen.

Schon sahen wir, wenn der Felsenpfad nicht zu gewunden und das Gebüsch an seinen Seiten nicht zu dicht war, die dunklen Haare des wachthabenden Invaliden im Winde spielen.

Endlich begannen die letzten Zeichen des Naturlebens zu sterben. Jede Vegetation hörte auf, die Felsen wurden immer nackter, bis sie endlich ganz aufhörten.

„Wenn der Mensch nur den rechten Weg kennt!" bemerkte der Mylord im reinsten Englisch zu seinen Töchtern.

„Yes! Yes!" erwiderten diese.

„Oh, hier jeht et noch", versetzte der Knabe. „Aber

lassen Se uns erst vor's abjebrannte ‚Tivoli' vorbei
sind — denn wird et eklich!"

„The wind is getting higher", seufzten die Ladies.

„Immer vorwärts!" rief der Führer. „Sie haben et ja
nich glooben wollen mit de Lawinen. Nu heeßt et, sehen, wie wir davonkommen!"

„Umkehren! Auf der Stelle umkehren!" riefen die
Engländer mit bleichen Gesichtern.

„Jetzt unmöglich!" sagte der junge Bergmann, indem
er den prüfenden Blick nach dem Himmel hinter uns
schickte. „Umkehren is unmöglich. Keenen Schritt
rückwärts, wenn Ihnen Ihr Leben lieb is! Sehen Sie
nur hinter sich, wie et da aussieht. Det Unwetter
kommt uns in 'n Rücken. Der Wind treibt es blitz-
schnell heran. Hier bleibt nischt übrig, als det wir sehen, deß wir nicht von ihm überfallen werden; denn

oben auf dem Berge is seit dem Brande weder Schutz noch Hilfe."

Der kaltblütige Ton des Knaben machte ihn uns in diesem Augenblicke zum Manne.

„Da unten", fuhr er fort und wies nach den finstern Schluchten des *Cave dustro*, „da unten ruht, was seit Jahrtausenden hinjeworfen is! Wehe, wenn sich der Sturm dort verfängt, es mit furchtbarer Jewalt wirbelt und mit sich fortreißt!"

Bei diesen schrecklichen Worten erhob sich die Windsbraut. Staub, Sand, Erde, Zweige, schmutzige Blätter, alte Pantoffeln, Glasscherben, Stiefelsohlen, Topfhenkel, Pantinensplitter und unzählige unnennbare Dinge wirbelten auf und drohten, uns in wenigen Minuten zu verschütten — auf ewig zu begraben.

Wir erstarrten.

„Not lehrt beten", stammelte der Führer und zog seine Kümmelflasche.

Ein fürchterlicher Platzregen strömte hernieder.

In wenigen Sekunden war die Erde so erweicht, daß wir bei jedem Schritte bis zu den Vatermördern einsanken.

Die armen Ladies — sie hatten keine.

Unsere Kleider, gänzlich durchnäßt, klebten an unseren Beinen und eisten dieselben durch ihre Kälte, wie sie zugleich jede Bewegung hinderten.

Aber wir waren gerettet!

Der fürchterliche Regenstrom hatte der Lawine eine andere Richtung gegeben.

Ich zog mein schon etwas schadhaftes Taschentuch und hüllte die zitternden Ladies in dasselbe. Eine Nummer der Neuen Preußischen Zeitung, die ich zufällig bei mir hatte, diente dem Vater als Regenmantel.

„Sein Se man ruhig", sagte der Führer, „nur noch wenige Schritte, und wir haben allens überstanden."

Und so war es auch.

Warme Abendsonnenstrahlen fielen langsam vom beruhigten Himmel und belebten unseren Mut. Heiter stiegen wir weiter und erkannten nun erst die Größe der Gefahr, der wir entronnen waren, aber auch die wunderbare Einrichtung der Natur, die nicht will, daß man ohne Kampf und Mühe die Höhen des Lebens und der Landschaften erklimmt.

Nun sahen wir schon die Stufen des Monuments — jetzt schon das fehlende Bein des hütenden Invaliden. — Jetzt endlich hatten wir den Gipfel des Berges und den unserer Wünsche erreicht.

Welch entzückende Aussicht lohnte uns für die ausgestandenen Mühen!

Da lag sie vor uns ausgebreitet, die heilige Stadt, mit ihren unzähligen Türmen, Kirchen, Minaretts, Kuppeln, Moscheen und Kunstsynagogen. Da schlängelte sich in schöner Unordnung die Panke hin, die malerischen Ufer bespülend, Tausende von Äpfelkahnsegeln tragend und schwellend. Da lag südöstlich, vom Purpur der scheidenden Sonne umflossen, der *Palazzo di Krolli*, dort der breite, weiße *Campo di exercitio*, da der *Rialto di Eisbockio*, dort der *Palazzo di Laube de la justizia*, die *Communicatione anhaltico*, die *Via Wadzeccio*, die *Reezenstreet, Lietzmannsstreet, Sieberstreet, Neumannsstreet*, dort *Waisenbrigde, Shillingssbridge, Sechserbridge* und wie sie alle heißen mögen, die Tausende von Straßen, Plätzen, Brücken und Palästen.

Nach einer kurzen, einfachen Unterhaltung mit dem mehrfach erwähnten Invaliden verließen wir mit Hinterlassung weniger Silbergroschen den Gipfel.

Der Weg bergab war leicht und gefahrlos.

Noch vor Einbruch der Nacht erreichten wir *Rice di Puppo*.

Wie herrlich schmeckte der aus Alpenkräutern und Pottasche bereitete Weißtrank! Wie köstlich war die aufbrausende Stimmung, in welche uns der Gebirgswein versetzte. Wohlgemut und rüstig trennten wir uns erst — nach neune.

Groß waren die Gefahren, unsäglich die Beschwerden der Bergbesteigung; aber die ewigen Wahrheiten, die wir dabei eingeheimst — welch eine reiche Entschädigung! Nicht Ruhe und faules Sofaleben — Kletterung, Vorwärtsstreben, Weiterdringen, Zielsuchen, Gipfelstürmen lassen uns die Höhe des Kreuzbergs wie des Stroußbergs erreichen, von dem aus wir die Aussicht genießen, die unsere Seele in wollüstige Wonnetaumel wiegt.

Da stehen wir oben, über alles Irdische gehoben, der Gottheit nahe — und tief unter uns liegen die Länder und Städte und Rittergüter und Kohlenbergwerke und Eisenhämmer und Belgische Festungswälle und Rumänische Bahnen und Ostbahnen und Görlitzer Bahnen und Markthallen, und wir möchten ewig hier weilen in der Fülle des Glücks und den Blick schweifen lassen über das unendliche Meer des Erreichten.

Aber siehe da — ein Wind erhebt sich, das Wetter schlägt plötzlich um, der Sturm nimmt uns den Hut vom Kopfe, und mit flatternden Haaren suchen wir vergebens im strömenden Regen das schützende

Laubdach. Denn die Höhen sind kahl und die Eisregionen unwirtlich. Und wir neiden nicht mehr den Emporkömmling, sondern sehnen uns nach der Hütte des Tals, nach der Tulpe der Mäßigkeit.

Und unvergeßlich und unauslöschlich bleibt in unserer Erinnerung die Besteigung des *monte cruce.*

(1853)

Als ich zehn Jahre später auf meinen Reisen wieder den *monte cruce* besteigen wollte, fand ich ihn nicht mehr. Chaussierte Wege, reizende Landhäuser und anmutige Gartenanlagen bedeckten das Terrain. Wo ist mein Berg? fragte ich schmerzlich. Hatte ihn der Glaube versetzt? — Nein, aber der Credit der Aktien-Brauerei Tivoli. Nur der Invalide, das Monument und die Aussicht waren geblieben, das heißt, die Aussicht der Bier-Aktionäre auf 12% Dividende.

Sauft ruhig seine Asche!*

* Könnte auch „*Sanft ruhe seine Asche!*" heißen. Da jedoch nur die *Biertrinker* von der Abtragung des Berges profitieren, so ist auch die obige Lesart zulässig.
Die Konjekturalkritiker der l. W

Von den Temperamenten

Die eigentümliche Mischung und Verbindung der körperlichen und geistigen Nahrung im Menschen gestalten seine Art zu denken, zu handeln und zu empfinden und machen sein Temperament. Sauerkohl, Jean Paul, Medoc, Gänseleber, Skakespeare, Chably, Herder und Franfurter Würste bestimmen das Naturell und bilden den Charakter, den schon die ältesten Physiker aus den vier Ureigenschaften, respektive Hauptsäften des menschlichen Körpers zu erklären versuchten.

Diese vier Hauptsäfte sind:

1. *Sanguis* oder St. Julien, die *rote* Flüssigkeit, macht den Sanguiniker.

2. *Cholos* oder Gelbsiegel zu 25 Silbergroschen, die *gelbe* Flüssigkeit, macht den Choleriker.

3. *Cholos melas* oder Porter, die *schwarze* Flüssigkeit, macht den Melancholiker.

4. *Phlegma* oder „die Weiße" — *verschleimende* Flüssigkeit, macht den Berliner.

Jedes Temperament steht mit den Eigenschaften und Mängeln seiner Flüssigkeit in Verbindung und ist je nachdem klug, tapfer, offenherzig, süffig, rheumatisch oder hämorrhoidalisch.

1.

Der Sanguiniker ist heiter und leichtblütig, aber charakterlos, gewissenlos und vergeßlich, sieht immer den Himmel voll Geigen und macht sich keinen Kummer, wenn auch Rumänen 60 stehen. Haussiert im Leben wie an der Börse, trinkt er dennoch in den schlechtesten Zeiten Champagner und gibt sein letztes Viergroschenstück für eine echte Regalia-Zigarre aus. Er hat eine *Pferdenatur*, indem er beim Schmerz stumm bleibt und nur „bei freudigen Gelegenheiten" wiehert. Wenn er Geld hat, ist jeder Tag für ihn „der Letzte", und wenn er keines hat, jeder Tag „der Erste" — an dem er sicher welches bekommen muß. Er trägt im Dezember Sommerhosen, und wenn ihm diese im Juli fehlen, geht er im Schafpelz aus.

Sein Wahlspruch ist *Aut Caesar aut aliquid!*

Zu Deutsch: Entweder oder aber entweder oder!

2.

Der Choleriker ist stolz, selbstsüchtig, grausam und stark behaart. Er haßt die Welt und geht nie ohne Stock aus. Rasch zornig, wild und verwegen liebt er nur kalte Getränke und fremde Biere. Er handelt nie im Indikativ oder Konjugativ, sondern stets im kategorischen Imperativ. *Geduld* kennt er nicht, daher ihm die meisten Erzeugnisse der neueren Literatur unbekannt bleiben. Der edelsten Handlung wie der größten Schandtat gleich fähig, genießt er nach dem feinsten Johannisberger den elendesten Kutscherkümmel. Er hält alle Menschen für Banditen, sich selbst aber für den ersten — aller Menschen. Sein liebster Aufenthalt

ist das Stadtgericht, seine Beschäftigung die Anferti-
gung von Verbal- und Real-Injurien.

Sein Wahlspruch ist: *Hoc volo, sic iubeo!*

So is et, und so soll et sind!

3.

Der Melancholiker ist ernst und kalt, aber traurig
und erhaben. Er liebt Einsamkeit und Verborgenheit.
Das Ziel seiner Spaziergänge ist der Friedrichshain,
den er jedoch selten erreicht, da er unterwegs im Rathauskeller sitzen bleibt. Seine Bibliothek besteht aus
Young's „Nachtgedanken" und einer Plakatensamm-
lung aus dem Jahre 1848. Die Grundzüge seines Cha-
rakters sind: Wehmut, Porter und Ängstlichkeit. Im
Frühling fürchtet er *März*stürme, im Sommer *Juli*revo-

lutionen, im Herbst *September*tage und im Winter *Februar*unruhen.

Sein Wahlspruch ist: *O tempora, o mores!*

Die ganze Welt ist be-- jammernswert!

4.

Der Phlegmatiker ist schwer und dick, aber langsam und langweilig. Er geht nur in Droschken und fährt nie gut, wenn er zu Fuß geht. Er bringt bereits im dreißigsten Jahr *was vor sich* und kann im fünfunddreißigsten *nie mehr was besehen!* — Bescheiden aus Faulheit, genügsam aus Bequemlichkeit, leidenschaftslos aus Indifferenz, geduldig aus Dummheit, gehorsam aus Kurzsichtigkeit und gutmütig aus Beschränktheit, besitzt er alle Eigenschaften zum Bankier des neunzehnten Jahrhunderts. Er ist liberal, Republikaner, Demokrat, konstitutionell, konservativ, Russe, Türke und wird stets das sein — was seine Kunden sein werden.

Sein Wahlspruch ist: *Sic debes venire!*

Zu Deutsch: So muß es kommen! sagt Neumann.

(1853)

Neues Kommissions- und Speditions-Geschäft
für den Transport lediger Damen
nach allen Orten öffentlicher Vergnügungen

Unter obiger Firma eröffnen wir mit heutigem Tage auf hiesigem Platze unser reich assortiertes Lager von *jungen Männern* in schönster und bester Auswahl und empfehlen uns zunächst dem älteren und erfahreneren Damenpublikum mit der Versicherung, daß wir das uns zuteil werdende Vertrauen in jeder Beziehung zu rechtfertigen bemüht sein werden.

Es gehört zu den traurigsten Zeichen der Gegenwart, daß die Ehre und Achtung, welche die Jugend dem Alter schuldet, mehr und mehr aus den Kreisen der Gesellschaft zu verschwinden droht. Vorzugsweise sehen wir auf unsern öffentlichen und Privat-Bällen die männliche Jugend dem weiblichen Alter nicht diejenige Berücksichtigung und Zuvorkommenheit zollen, die zu den schönsten Tugenden unserer Zivilisation zu gehören berechtigt wäre. Junge Mädchen, *arm an Jahren und Erfahrungen*, werden den Damen vorgezogen, die solcher Armut den größten Reichtum entgegenzusetzen haben. Der Mangel an salonfähigem Alter läßt den Überfluß an salonfähigen Reizen vergessen, und das Weiß und Rosa der raffiniertesten Toilette wird von dem Grün des Backfischtums in den Hintergrund gedrängt.

Diese krankhafte und destruktive Strömung moderner Tanzgelüste in ein anderes Bett zu leiten, ist die Aufgabe unseres Instituts.

Unsere Niederlage junger Männer elegantester Figur, Tournüre und Toilette wird dem längst gefühlten Bedürfnis nach beständigen und dauerhaften Tänzern und Kavalieren jedes Alters hilfreich in den Weg treten. Wohl sind wir uns der Schwierigkeiten bewußt, welche die Etablierung jedes wirklich neuen Gedankens in sich schließt. Durch die zivilen Notierungen des nachstehenden Preis-Courants hoffen wir jedoch alle Besorgnisse zu zerstreuen, die unserem Unternehmen in erster Linie begegnen dürften.

Cavaliero & Comp.

Preis-Courant des neuen Leih-Instituts

A. Für Bälle

	Thlr.	Sgr.	Pf.
Galant'hommes, première Qualité, extra fin, double	1	15	— —

NB. Der Kopf ist stets nach der letzten Nummer des „Ami de la téte" hergestellt. Die Manschettenknöpfe, in Form von gezogenen Kanonenkugeln aus der Fabrik von Krupp in Essen. Der Leibrock von Faßkessel und Müntmann, die Pantalons von Wulckow, die Westen je nachdem — à la demi-monde dekolletiert oder diplomatisch bis oben zugeknöpft. Die Wäsche aus den er-

sten Papierkragenfabriken. Für
Leinwand-Emballage wird eine besondere Vergütung berechnet.

	Thlr.	Sgr.	Pf.
Mit ausländischen Orden im Knopfloch, pro Orden	––	15	––
Für jede Polka, dreimal herum	––	5	––
Für Polka-Mazurka mit offener Schwenkung	––	7	6
Für Contre-Tanz mit höherer Grazie	––	10	––
Für Contre-Tanz mit süßem Lächeln	––	12	6
Für Contre-Tanz mit etwas Cancan	––	15	––
Für „Französisch-Sprechen" in den Tanzpausen	––	2	6
Für Erkundigung nach dem Wohl- befinden am andern Tage zum Är- ger der Nachbarschaft	––	10	––

NB. Die nicht verbrauchten Bou-
quets und Bonbons werden nach
dem Balle abgeliefert.

Ferner empfehlen wir:

**B. den resp. Bühnenvorständen und Theaterdirek-
tionen zur Auffüllung leerer Häuser**
unser reichhaltiges Lager anständig gekleideter Personen weiblichen Geschlechts.

	Thlr.	Sgr.	Pf.
Für I. Rang: Damen in Atlas mit Muff und Fächer à	––	2	––

Für II.Rang: Kattunkleider in ver-
schieden Mustern à........................ —— 1 ——
(Unter Garantie der Nichtentwick-
lung mitgebrachter Käsestullen.)

C. Für junge Ärzte

Zur Füllung der Warte-Zimmer in den Sprechstunden

	Thlr.	Sgr.	Pf.
Personen mit leidender Außen-seite à ....,..................	——	3	——

D. Für Leichenbegängnisse
Stellvertreter für nahe Verwandte.

	Thlr.	Sgr.	Pf.
Für einen fingierten Neffen oder Schwager	——	5	——
Ganz in schwarz mit Träne	——	6	——

E. Für abergläubische Gesellschaften von drei-zehn Personen

	Thlr.	Sgr.	Pf.
Die Vierzehnte zur Vermeidung von Todesfällen.....................................	——	2	6

Ebenso zahlen für *Lumpen* und *Makulatur* die höchsten Preise

Cavaliero & Comp.

(1853)

Grenzen des menschlichen Wissens

Zu manchen Zeiten schwanden
Zur Weltstadt, in Berlin,
Die Katzen, die vorhanden,
Und niemand wußt' wohin?

Doch nichts so dunkel — helle
Bringt es die Sonn' ans Licht,
Ein schlächterner Geselle
Zeigt's an beim Stadtgericht:

„Wir mußten nachts sie fangen,
Die Katzen, ohn' Geräusch,
Wenn uns war ausgegangen
Zur frischen Wurst das Fleisch."

„Sechs fingen wir vom Brauer,
Vom Bäcker drüben neun,
Auch die von Witwe Sauer
Ging sanft zur Preßwurst ein!"

O eitle Wissensdürste,
Beschränkter Menschensinn!
Wohl essen wir die Würste,
Doch niemand weiß, was drin!

Der Paragu

Nach einer wahren Erzählung
von Fr. Gerstäcker

Der Samum wehte die Savanne
Nordostwärts her vom Yatakan,
Als sich im Sand die Karavane
Hin zog zum schwülen Paraban.

Im Mondlicht lag der Babelmande,
Und klanglos schlug der Tombuktu
Die sehnsuchtsvolle Sycophande,
Als sich erhob der Paragu.

Still ward's im Kreis. Die Morrowidde
Stieg schleierlos am Murraykamm,
Und bleich am Biledulgeridde
Dem Scheike gleich vom Tombaystamm.

Seht dort, sprach er, vom Korombale
Dröhnt es herauf! — Am Marabynt
Wölkt sich's, wie wenn vom Senegale
Loslöst der ew'ge Tamarynt.

Fort, fort von hier! Der Katakide
Im schleierlosen Rakahou
Steigt nieder zu der Opolide!
So sprach der greise Paragu.

Und weiter zog die Karavane
Hinauf zum schwülen Paraban.
Der Samum wehte die Savane
Nordostwärts her vom Yatakan.

(1853)

Des Ahnherrn Fluch

Romanze

Kühl wehte schon der Abendschauer,
Da sprach zum Knapp' der Jaromir:
„Geh, hol mir ein Paar warme Jauer
Und eine Flasche Bairisch Bier!"

„O Herr! Nicht darf ich's Euch verhehlen,"
Sprach bleich der Knapp' zum Jaromir,
„Wo nehmen her — und doch nicht stehlen?" —
Da polterte es an die Tür.

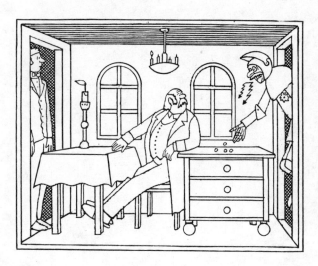

Der Urahn Jaromir's — der tote —
Er war's! — Mit kalter Grabeshand
Warf er vier Groschen auf die Kommode
Und seinen Fluch — Ha! — Und verschwand!

(1854)

Rezension

„Der Erlkönig" von Göthe

Die Veranlassung zu diesem im Jahre 1785 entstande-
nen Gedichte fand der Verfasser bekanntlich in der
damals herrschenden Gespensterfurcht, welche er
nicht ohne Glück bekämpfen wollte. Diese gute Ab-
sicht aber ist es auch allein, welche das schwache Pro-
dukt entschuldigen läßt.

Wer reitet so spät durch Nacht und Wind?

beginnt Herr Göthe, um die Neugier des Lesers rege
zu machen, und beantwortet dieselbe sogleich durch
die triviale Antwort:

Es ist der Vater (?) mit seinem Kind!

Aber *wer* ist der Vater? *Wie* heißt er? Besitzt er
Vermögen? *Was* reitet er? Reitet er auf einem Prinzip
oder auf einem Schimmel? *Wohin* reitet er? *Wie* reitet
er? Hat er überhaupt Reitunterricht genossen? Alle
diese Fragen, zu denen der gebildete Leser sich wohl
berechtigt fühlt, läßt der Verfasser in seiner lüderli-
chen Schreibweise gänzlich unbeantwortet. Er sagt
weiter nichts als: „der Vater reitet mit seinem Kind",
was allerdings nicht auf glänzende Vermögensverhält-
nisse schließen läßt, da der Vater sonst wohl dem Knaben einen Pony halten würde, auf dem dieser neben
ihm hertraben könnte. Dem sei jedoch, wie ihm wolle:

Er hat den Knaben wohl in dem Arm,
Er faßt ihn sicher, er hält ihn warm.

„Er hält ihn warm." Wie kleinlich! Wie abgeschmackt! Weil neulich die Zeitungen einen längeren Artikel über die Verhaltungsregeln gegen die Brechruhr brachten, worin besonders den Älteren anempfohlen wurde, die Kinder warm zu halten, gleich will der Herr Verfasser seine Belesenheit zeigen und rühmt von der Zärtlichkeit des Vaters: „Er hält ihn warm." Eitler Wissensprunk!

Mein Sohn, was birgst du so bang dein Gesicht?
Siehst, Vater, du den Erlkönig nicht?
Den Erlenkönig mit Kron' und Schweif?
Mein Sohn, es ist ein Nebelstreif!

Dieser Dialog zwischen Vater und Sohn, ohne besondere Angabe der Personennamen, wie es wohl üblich, entbehrt aller Pointen und jeder künstlerischen Ausführung. Vor allem aber fragen wir uns: *Wer* ist denn eigentlich dieser Erlkönig? Der Leser kennt wohl den *Schellenkönig, Eichelkönig;* aber *Erlenkönig* ist ihm wahrscheinlich gänzlich unbekannt. Der „Vater" erklärt ihn für einen Nebelstreif, indem er noch die Bemerkung hinzufügt:

In dürren Blättern säuselt der Wind

— eine hinlänglich bekannte Tatsache, die wohl nirgend mehr Interesse erregen kann!

Willst, feiner Knabe, du mit mir gehn?
Meine Töchter sollen dich warten schön!

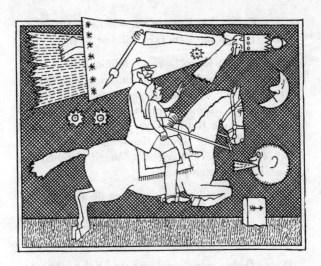

In der Tat, die Feder sträubt sich, diese Verse wiederzugeben. Was soll man zu dieser Stelle sagen, wenn man bedenkt, daß Göthe's Gedichte in den Händen junger Leute beiderlei Geschlechts sind?

„Willst, feiner Junge oder Knabe" usw. ist eine Redensart, wie sie wohl nur übelberüchtigte Frauenspersonen in den Mund zu nehmen pflegen; und hier — horribile dictu! — ladet der eigene Vater auf offener Straße einen jungen Menschen damit ein, seine Töchter zu besuchen. Pfui!

Nur wenig gemildert werden diese groben Unsittlichkeiten durch die warnende Stimme des Vaters:

Es scheinen die alten Weiden so grau!

Wiederum ein so bekanntes Faktum, daß dessen Mitteilung, gelinde gesagt, überflüssig erscheint.

Man erlasse es uns, den ferneren Teil des Gedichtes kritisch zu zerlegen. Nur noch eine Bemerkung: Um recht vornehm zu schließen, läßt Herr Göthe den Vater den „Hof" erreichen. Wenn damit der Weimarische Hof, an dem der Verfasser eine Zeitlang gelebt hat, gemeint sein soll, so können wir versichern, daß in der Geschichte desselben von *Vehse* keine Silbe von diesem Kinderritt erwähnt, und das Ganze wahrscheinlich nur eine der vielen tendenziösen Erfindungen des Herrn Göthe ist.

Wende sich doch der Verfasser einer ernsteren und sittlicheren Richtung zu, und wir werden gewiß die ersten sein, seinem hübschen Talente Gerechtigkeit widerfahren zu lassen.

(1855)

Ein erbrochener Berliner Stadtpostkasten

Herrn Hausbesitzer Kamplust, hier

Ew. Wohlgeboren!
zeige an, daß ich nunmehr die in Ihrem Hause in Charlottenburg innegehabte Sommerwohnung gestern verlassen habe!

„Nihil est melius, nihil dulcius, nihil ad Corporis valetudinem salutare magis!" rufe ich gewiß gern mit Cicero in Bezug auf das Glück des Landlebens, aber es war der abscheulichen Wanzen wegen nicht mehr auszuhalten.

Zu Tausenden haben wir sie getötet, gebrannt und ausgeräuchert, nämlich die große ordinäre Cimex, zu deutsch: gemeine Bettwanze. — Sie kam jedoch immer wieder, und der Körper meiner Gattin, sowie der meiner Töchter als auch der meinige, gleichen durch das ewige Jucken und Brennen den Rothäuten der wilden Indianer. „Beatus ille, qui procul negotiis!" Glücklich derjenige, welcher von diesem Geschäft des nächtlichen Reibens und Kratzens fernbleibt.

Sollten Sie wegen der nur zur Hälfte gezahlten Miete eine Forderung an mich richten, so würde ich mich genötigt sehen, folgende Anzeige in das „Intelligenzblatt" einrücken zu lassen:

Der Unterzeichnete, der sich kontraktlich verpflichtet hat, seine Sommerwohnung in Charlottenburg bei Herrn Kamplust in dem Zustande, in welchem er sie übernommen, wieder zu übergeben, sucht einige Mille lebensfähiger und ausgewachsener Bettwanzen.

Berlin, 15. September 1855.   Dr. Rollarius
                                        Oberlehrer

An die Tiergarten-Verwaltung

Hochverehrte Tiergarteninspektion.
Wissen Sie, wie es dem Berliner zumute ist, der sieben lange Wintermonate in der Neumannsgasse starr, stumpf und stockig geworden? Wissen Sie, was es heißt, das janze Jahr in der von dem lieblichen Atem der Berliner Rinnen jeschwängerten Atmostpferde sein Brot zu essen? Wissen Sie, daß ein solcher Mensch ohnehin schon jeneigt ist, mit dem Staat, auf dessen *Kehrseite* er jeboren ist, den kleinen Jrollmann zu spielen? Wissen Sie, mit welcher jrenzenlosen Verschmachtung ein solcher Mensch den ersten schönen Frühlingssonntagnachmittag herbeiwünscht, um mit

seiner Familie im Tiergarten frische Luft zu schöpfen und sich ein paar Nasen voll Sauerstoff in die dumpfe Keller-Wohnung mit nach Hause nehmen zu können? Wissen Sie das? Nein, das wissen Sie nicht, das können Sie nicht wissen! Auch Ihre hochlöbliche vorgesetzte Behörde weiß es nicht; denn sonst müßten Sie wahrhaftig springen — sprengen lassen, woll' ich sagen, müßten Sie und wenn es auch wirklich 6 bis 4 Preußische Taler kosten sollte pro Sonntag-Nachmittag. Die hunderttausend Menschen, die nach der Woche Last, Hitze, Kummer und Nahrungssorgen eine Stunde in Gottes freier Natur das Elend ihres jämmerlichen Daseins vergessen wollen, können für die Millionen Steuern und Abgaben, die sie zahlen, dieses Spreng-Opfer von 6 bis 4 Preußische Taler auf dem Staub-Altar des sandigen Vaterlandes wohl verlangen. Denn Luft schnappen muß der Staatsbürger von Zeit zu Zeit, sonst *schnappt er über*; und mit die 6 bis 4 Preußische Taler, die durch die Staubwirbel und Sandlawinen erspart werden, wird der Berliner Dombau auch nicht früher fertig werden. Also lassen Sie sprengen, sonst wird *Ihnen* ein Donnerwetter — mit einem furchtbaren Gewitterregen erst den Aufenthalt im Tiergarten erträglich machen können.

Laake,
Berliner Staubjeborener.

Herrn Bankier Machersohn

Lieber Julius!
Soeben komme ich von dem Lump ***, der leider noch immer die Rezension über unsere Theater schreibt. Ich hatte mir das Rosakleid, das Du mir aus Paris hast kommenlassen — Du weißt schon, das *Tief-ausgeschneuzte* — angezogen, aber es half nichts! Auch mit dem bekannten Klaps auf die Finger, der sonst selten seine Wirkung verfehlt, fiel ich glänzend ab. — „Ihr Freund ist ja wohl Mitglied des Konsortiums für die neue *** Anleihe? Wird er Sie nicht auch dabei beteiligen?" fragte er mich. Also bitte und ich beschwöre Dich, mein Herzens-Julius! schicke ihm 30 oder 40 von den Aktien, sonst verreißt er mich übermorgen nach der neuen Operette, daß kein guter Faden an mir bleibt!

Deine Adalgise

Herrn Walther, Wohlgeboren, hier

Lieber Walther!
Wir haben heut Abend *Thé dansant.* Könnten Sie uns nicht vielleicht wieder einige Ölbilder leihen, aber recht große. Es wird Ihnen nichts beschädigt! Haben Sie nicht auch vielleicht eine alte Domestiken-Livrée oder einen Jockei-Anzug für meinen jüngeren Bruder zum Bedienen?

Ergebenst
verw. Registrator Harmenhold.

An dem Herrn Studiosus Perlkopf

Liehber Karl!
Sonntach Mittach um 11 ur vindet die handlunk in die pötrü kirche Stadt, schicke mir wenikstens 15 silberjroschen da es keine Schuh nicht hat und ob du auch 1 Mahl ein par seidell weniger dringst so kannst du dein kind nicht so vohr der Daufe drehten lassen. gestern war der Dokter da, er meihnte deß es kein Wasser-Koppf nicht ißt, weshalb ig dier biete die Klache gegen dem Bäcker einzuläuten. O wie bedauhre ig dem Fade der Tuchend gewichen zu sind.

Deine Rosa

An Fräulein Busca

Teures, angebetetes Fräulein!
Verzeihen Sie dem Schreiber dieser Zeilen, welcher noch Gymnasiast ist, durch die Gewalt Ihres Spiels bezaubert, Ihre Talente schriftlich zu bewundern. Ich stehe gewöhnlich links im Parterre. Mittwoch und Sonnabend und wenn mich nicht alles täuscht, haben Sie mich bereits in der Dunkelheit einige Male angelächelt.

Denn wohl kann ich es sagen, daß mir, seitdem ich Sie auf dem Theater erblickt, der Stern der wahren Kunst aufgegangen ist und Lessing, Schiller und Moses Mendelssohn einen neuen Reiz für mich gewonnen haben. Glauben Sie mir, hochgeehrtes Fräulein! daß kein irdischer Gedanke in mir ist, sondern lediglich die Kunst und die Sache selbst, da ich wie gesagt

noch das Gymnasium besuche und Ihnen nichts zu
bieten vermag. Zürnen Sie nicht diesem Geständnisse;
aber meine Leidenschaft hat den höchsten Gipfel erreicht und zittert bei dem Gedanken, daß Sie, wie mir
der Primaner Kortzscisky versichert, das *Kloster* wählen wollen. *O wäre es doch das Graue!* Worauf sich
zur Zeit noch befindet

Ihr

innigster
Roderich Lehmann.

An den Hausbesitzer Herrn Bürger

Verehrter Herr!
Mit vielem Vergnügen gedenke ich noch der schönen
Zeit, die wir vor acht Jahren gemeinschaftlich in Karls-
bad verlebt haben. Leider war es mir bisher nicht ver-
gönnt, Ihren freundlichen Besuch, den Sie mir nach
unserer Rückkunft in Berlin abstatteten, zu erwidern;

aber stets habe ich in Liebe Ihrer gedacht und lebhaft das Bedürfnis empfunden, mit Ihnen wieder einmal in der Erinnerung an vergangene Tage zu schwelgen. Hierzu wäre nun vielleicht am 8. Februar Gelegenheit, da an diesem Tage der große Fackelzug stattfindet und an Ihrem Hause vorbeikommt. Ich würde mich daher gegen neun Uhr bei Ihnen einfinden; wir würden uns gemütlich an Ihr Fenster setzen und einige Stündchen angenehm und traulich verplaudern. Ihren lieben Zeilen entgegensehend, bin ich wie immer

Ihr alter Freund und Badgenosse
Unverzagt, Geh. Rat.

PS: Soeben spricht meine Frau den Wunsch aus, die Ihrige, von der sie schon so viel Gutes und Liebes gehört, persönlich kennenzulernen. Sie wird sich daher erlauben, Ihnen gleichzeitig mit mir ihre Aufwartung zu machen.

Herrn Schwemmler

Lieber Schwemmler!

Du wünschest nämlich meine Ansicht über der gegenwärtigen Polletik zu erfahren. Die Selbstmorde nehmen jetzt sehr über Hand, auch hat sich ein Kind mit Schwefelhölzchen die janze linke Seite verbrannt. Das Wetter ist soweit janz jut bis auf einigen Rheumatismus. Und da Du alles wissen willst, so kann ich Dich sagen, daß schon wieder eine Diebesbande entdeckt worden, auch mehrere jestohlene und jefundene Sachen in Zeitungen stehen. Um nun auf der Polletik

zu kommen, so zahle ich jegenwärtig zwölf Taler Ein-
kommensteuer und werde nächstens das Verjnüjen haben, noch mehr zu tragen. Übrigens is es jetzt hier
sehr anjenehm, bloß daß die Geschäfte alle stocken
und die Bankrute sehr in die Mode. Was nun aber die
Polletik betrifft, so is es nicht wahr, was man sagt, sondern meine Meinung is die: Entweder kommt es so —
oder so! Verstehst Du mir? — Kommt es *so*, so kann
man freilich nich wissen, was daraus wird — oder werden *kann*, jedennoch immer feste auf der Weste! sagt
Schiller. Kommt es aber anders, nun! meinetwejen!
ich bin jerüstet auf Allens! Und dies is *meine* Polletik.
Verlange nicht, daß ich mir bei diese Verhedderung
noch jenauer auslasse, Du wirst Dich das Richtige
schon rausjelesen haben. Übrigens bitte ich Dir, mir
wejen die schlechten Zeitumstände zehn Dahler zu
borjen, damit daß ich einige alte Schulden bezahlen
kann. Und dies is meine Polletik, womit ich verbleibe

Dein jetreuer Renntier
Dusedan.

(1855)

Dreißig Silvester-Gedanken
aus Zwickauers Album

1.

Wür löben ün euner Zeut, wölche gleucht dör örsten Hölfte dös lötzten Aktes eunes Zauberstückes. Ös spült dü Auflösung dör Vörwückelung ün euner kurzen Dökoration. Dü Zuschauer sützen ungeduldüg auf ühren Plötzen; dönn sü wüssen schon löngst wü alles ßusammenhöngt, und warten begürig auf dü Vörwandelung, wölche soll ßeugen dü neue Schlußdökoration. Üch bedauere nur dü armen Schauspüler, wölche süch vörgöbens abmühen, noch eun Ünterösse eunßzuflößen!

2.

Ös würd ümmer schwüriger, dü Wölt ün Örstaunen ßu sötzen. Man muß dahör das Unmöglüche möglüch ßu machen suchen, und dör Schrüftstöller von heute, wölcher wüll gewünnen dü Mönge — das heußt sowohl dü Mönge dör Leute als auch dü Mönge dös Göldes —, muß seun eun *Homör* und eun *Hanswurst*, eun *Arüstophanös* und eun *Öckenstöher*, majöstötüsch und gemeun, poötüsch und löppüsch, önörgüsch und töppüsch, *Dante* und *Nante* ßu gleucher Zeut.

3.

Üch schmeuchle mür, meune Öpoche aus Ünstünkt erkannt ßu haben. Hat man *alles* übertrüben, sagte üch ßu mür, muß man sogar übertreuben dü *Buchstaben* und schreuben und spröchen ün *Düphthongen*.

4.

Gallülöü hat müssen abschwören seune Behauptung, daß eun Körper süch kann fortwörend dröhen um süch sölbst. Heutßutage hötte ör bloß ßu weusen brauchen auf dü *Rundschauen dös Hörrn von Görlach*, und man würde ühm geglaubt haben.

5.

Man sagt, daß dü Geustesarmen dürökt üns *Paradüs* güngen. Üch könne eune Mönge dörgleuchen, dü nur üm *örsten Rang* oder *Proszönüumsloge* göhen.

6.

Wönn üch keun Üsralüte wöre, so würde müch meun Sohn Josöph vülleucht für eunen *Papa-Goi* halten können.
Düses Wortspül üst nur für düjönigen, wölche ös verstöhen können.

7.

Apollo wurde für den Gott dör Arzneukunst und gleuchzeutig für den Sönder von Krankheuten gehalten. Üch glaube, daß vüle Sanütötsröte *Brüder ün Appollo* sünd.

8.

Eun reucher Mann löbt ün den jötzigen sozialen Zustönden wü eune *Spünne* fortwöhrend ün dör *Schwöbe*. Und dahör alleun seun Haß gögen dem Bösen.
   Das Wortspül üst schlöcht, aber dü Üdöö üst nücht neu.

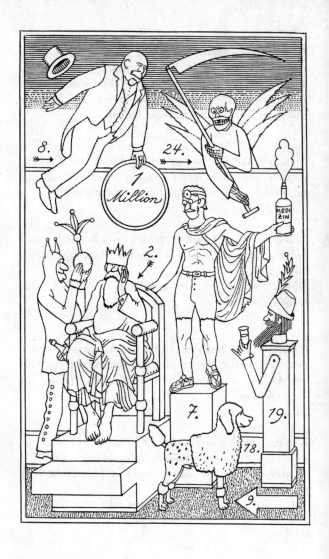

9.

Üch habe ümmer bedauert, daß das Büld dör Treue dör Pudel üst. Düses Tier üst oft söhr schmutzig.

10.

Üch glaube, dü Aufgabe dös Satyrükers üst wönüger, alles *schlöcht ßu machen*, als vülmöhr, alles *bösser* ßu machen.

Ös üst gut, daß üch nücht früher düsen Gedanken gehabt habe, sonst würde man ühn mür löngst gestohlen haben.

11.

Man hat ün Börlün süch vülseutig gefragt, warum dör Prünz Löo üm Arbeutshause söße, da er doch eugentlüch nüchts Bedeutendes getan hötte. Üch glaube jödoch, für eunen Prünzen üst ös schon eun Vörbröchen, *nüchts Bedeutendes getan* ßu haben.

12.

Dör Ruhm üst eune flanöll'ne Unterßüjacke für dön Wünter des Löbens. Üch glaube, man kann süch auch üm Sommer daran gewöhnen.

13.

Dü Lübe üst eun reußender Strom. Man hölt ühn oft auf, ündöm man ühm eun *Bött* bereutet.

14.

Eun Weub vörlürt weut öher dön Vörstand als dü Sprache.

Düser Gedanke kam mür göstern beum Eunschlafen, als meune Adelheude mür ötwas erßöhlte.

15.

Seutdöm üch bemörkt habe, daß meune Adelheude aus döm Schlafe sprücht, glaube üch öndlüch das *perpötuum mobüle* entdöckt ßu haben.

16.

Ös gübt söhr vüle Leute, wölche behaupten, sü können nur dönken, wönn sü Tabak rauchen. Üch meune, sü können überhaupt nur das lötztere.

17.

Das Hörz euner Kokötte kommt mür vor wü eun Zugstück üm Thöater. Man muß nur ümmer seun an dör Kasse, so kommt man müt dör Zeut doch eunmal hüneun.

18.

Dör größte Phülosoph ün Börlün üst unstreutüg das Trottoir. Ös trögt dü klügsten Leute und dü größten Narren müt dörselben Geduld, und jöder Hund dünt ühm ßur *Unterhaltung.*

19.

Ün dör heutügen Zeut dör Heucheleu üst dü Weusheut bloß eun gesöllschaftliches Talönt. Würde Könüg Salomo heut löben, so würde ör seune Sprüche ün Toaste eunkleuden müssen.

20.

Ün Börlün gübt ös für müch nur dreuörleu Arten von Vörgnügungen:

Örstens, daß üch nücht brauche ßu göhen ün das Opernhaus;

Zweutens, daß üch nücht brauche ßu göhen ün dör Früdchrüch-Wülhölmsstadt, und

Drüttens, daß üch überhaupt *nürgends* hünßugöhen brauche.

21.

Dü Ausdauer üst eun Pfropfenßüher. Leuder haben oft dü schlöchtesten Weune dü löngsten Pfropfen.

22.

Üch bedauere dön Plato, daß ör nücht bemörkt hat, daß man anföngt ßu göhnen, wönn man ßu lange schmachten und seufzen muß.

Aus düsem Grunde scheunt mür dü platonüsche Lübe unmoralüsch; dönn dü Langeweule und dör Müßiggang sünd *aller Laster Anfang*.

23.

Rothschüld soll jöhrlüch verdünen möhrere Müllüonen Taler. Dönnoch glaube üch, daß Alöxander von Humboldt größere Verdünste hat.

24.

Der Tod üst eun *Öxekutor*. Doch keuner von dönen, wölche meun Freund Löwensteun geschüldert hat; dönn ör lößt süch nücht abweusen.

25.

Üch habe dü Bemörkung gömacht, daß üm Sommer dör Rögen dü Kleuder von außen, und dü Sonne sü von ünnen durchnößt.

26.

Dü Volksßeutung bewüs neulüch ün eunem naturwüssenschaftlichen Artükel dü Ungesundheut dös Nachmüttagsschlöfchens. Seut düser Zeut löse üch dü *Spönörsche* nü möhr nach Tüsche.

27.

Üch lübe dü Humanütöt, aber ßweuerleu Mönschen kannück nücht leuden: örstens dü, müt dönen üch *umgöhe*, und ßweutens dü, müt dönen üch *nücht umgöhe*.

28.

Neulüch fragte müch meun Sohn Josöph, was ör soll wörden? Üch sagte ßu ühm: Meun Sohn, wönn du wüllst wörden *bekannt*, so mache Schulden; wüllst du aber bleuben *unbekannt*, so wörde eun *Schrüftstöller*.

29.

Müt dön guten Gedanken üst ös wü müt dön Haaren. Üm Anfang wörden sü eunem *beschnütten*, spöter göhen sü eunem von sölber aus, und ßulötzt hat man *nücht möhr dü eugenen*.

30.

Düse *dreußüg* Gedanken bün üch los geworden. Aber daß heute der *Eununddreußigste* üst, düsen Gedanken kann üch nücht loswörden. Möge meun Vörlöger düses morgen berücksüchtügen.

Börlün, ün dör Sülvösternacht 1855—1856
Zwickauer

Antrittsrede
gehalten von Madame Piepmeier
bei der Rückkehr ihres Gatten aus dem Bade

So? Also bist du wirklich wieder da? Das ist ja außerordentlich, daß du überhaupt noch wiederkommst. Ich wollte mir heute schon schwarzen Mull kaufen! Das ist wirklich viel, daß du unsere Hausnummer nicht vergessen hast!

Wie meinst du, mein Herzchen? Du wärst im Ganzen eigentlich nur drei Wochen fortgewesen? Nun, da können wir ja gleich das Reiseköfferchen wieder nach der Eisenbahn tragen lassen, wenn es dir noch zu früh ist. — Sie, Dienstmann, nehmen Sie den Mantelsack doch gleich wieder mit, der Herr will wieder fort!

Was soll ich? Ich soll nicht so laut schreien, der Nachbarn wegen? Ich soll lieber den Koffer auspakken soll ich? Nun, das ist ja recht liebenswürdig von dir! Du scheinst ja sehr erfreut, mich wiederzusehen. Ich soll nur erst ins Zimmer 'reinkommen, weil du Kopfschmerzen hast? — Nun, da sind wir ja!

Also Kopfschmerzen hast du, geliebter Heinrich! I sieh mal an! Wovon denn? Wie? Ach so! Von den warmen Polstern in der ersten Klasse? Das ist also alles, was du mir mitgebracht hast: Kopfschmerzen erster Klasse! Warum bist du denn nicht zweiter Klasse gefahren? Gab's keinen Platz mehr? Alles ausverkauft! Nur noch Stehplätze! Wolltest deinetwegen nicht noch 'n Waggon 'ranschieben lassen! Das sind ja merkwürdige Sachen!

Wie meinst du, mein Goldmännchen? Ich sollte nicht so laut sprechen, die Halsbräune grassiere jetzt so sehr! Habe keine Angst. Ich habe sechs volle Wochen hier mit den Wänden plaudern müssen und bin ausgeruht. Ich soll den Koffer nicht auspacken? Warum denn nicht? Aber — wie das alles eingepackt ist! Wäsche und Zahnbürsten und Stiefeln — alles nur hineingeworfen, damit es drin ist! Und wie die gestickten Chemisettes aussehen!

Was sagst du? Das ist vom Brunnen? Das soll Kissinger Ragozzy sein? Du wirst mich wohl Rotweinflecke von Selterwasser unterscheiden lehren? Und wo sind denn alle Taschentücher hin? Wie? Du hast sie in Homburg liegenlassen? I sieh mal, da kommt es ja 'raus. Also in Homburg warst du auch? Wohl nur deiner kranken Augen wegen, auf die grünen Tische zu sehen! Die grüne Farbe soll ja so wohltuend für schwache Augen sein?

Was sagst du? Du hast nicht gespielt, sagst du? Nur zugesehen hast du, ob richtig abgezogen wird? Na, sie werden dir wohl richtig abgezogen haben! Zeig mal dein Portefeuille her! Wie? Was? Auf einem einsamen Spaziergang in Kissingen hat man dich überfallen und beraubt? Das willst du mir einreden? In allen Zeitungen hätte es gestanden, meinst du? Na, sowas lebt nicht! So'n Dichter! So 'n Geschichtenerfinder!

Nun mal 'raus mit der Sprache! Wo hast du gespielt? Was hast du gespielt? Womit hast du gespielt? In Wiesbaden! Da haben wir's! Da liegt ein Theaterzettel aus Wiesbaden: „Die alte Schachtel" — „Das Herz verloren" — „Eine verfolgte Unschuld" — Also in Wiesbaden bist du auch gewesen. Nun, du wirst wohl kein Spielbad ausgelassen haben. Gleich sagst du mir, was du verloren hast! So? In Wiesbaden nur fünfzig Taler, aber in Baden-Baden achtzig Louisd'or! Also deshalb haben wir den ganzen Winter keine Gesellschaften gegeben, damit du etwas für deine Gesundheit tun kannst; und nun verspielst du Hunderte in den Bädern, wo ich mir keine Droschke vergönne und mich in den Omnibus stoßen lasse?

Und wie er im Gesicht aussieht? Wenigstens ein halbes Dutzend Runzeln mehr! Was sagst du? Du wirst sie dir im Rathauskeller wieder ausbügeln? Das glaub' ich! Das wird wohl deine Nachkur sein!

Aber du antwortest ja nicht! Du schläfst ja! Da sitzt er auf'm Sofa und schnarcht! Und diese Menge von hellen Handschuhen — so viel brauch' ich in sechs Jahren nicht! Der Verschwender! Der alte Unschuldsverfolger! Na, wache du mir auf, dann bekommst du erst deinen gehörigen —

Kladderadatsch!

(1857)

Der fliegende Hund

Vampyr, Grabesflügler, Schreckentier
oder Blutsauger
in Arnim's Hotel, Unter den Linden

Abends sieben Uhr bei Beleuchtung des Schauplatzes.

Schultze: Verzeihen Sie, können Sie mir sagen, wo es hier hereingeht zu dem Herrn, wo der fliegende Hund is?

Der Herr vom fliegenden Hund: Das bin ich selber.

Schultze: Ah, sehr anjenehm. Könnten wir wohl noch einen Stehplatz bekommen?

Der Herr: Sie wünschen das Tier zu sehen?

Schultze: Ja. — Was beträgt des Entrée, wenn ich fragen darf?

Der Herr: Funfzehn Silbergroschen pro Person. Hier ist die Kasse.

Schultze: So? Je nun — ich wollte eijentlich mit meine Familie herkommen. Ist es denn auch etwas für Kinder?

Der Herr: Gewiß. Wollen Sie sich nicht überzeugen? Bitte! (Lüftet den Vorhang.) Treten Sie doch ein.

Schultze: Je nun — wie gesagt — bloß einen Blick. Ich habe nicht viel Zeit. Komm, Müller! (Stellt Müller vor.) Mein Freund, Herr Müller aus Berlin, Regierungsbezirk Nassau.

Der Herr: Bitte, treten Sie nur mit ein.

Schultze: Sie haben keinen Nachteil durch ihn: Er sieht des Abends nicht gut, er hat bloß noch einen kleinen Schimmer.

Der Herr: Bitte, das macht nichts. Sie haben nicht nötig, etwas zu zahlen.

Schultze: Nein, das tun wir nicht. Wir sind von der Presse und dürfen nichts annehmen, weil wir ein Urteil haben. — Um Verzeihung, ist dieses der fliegende Hund, welches Tier dort in der Mitte hängt?

Der Herr: Zu dienen. Dies ist der Vampyr.

Müller: Er ist auch bereits schon zu einem Operntext verarbeitet worden, wenn ich fragen darf?

Der Herr: Wie meinen Sie?

Schultze: Er beißt doch nicht?

Der Herr: Nein. Treten Sie ohne Sorge näher. „Nur bei vollständiger Dunkelheit fällt der fliegende Hund Tiere und Menschen an, indem er ihnen das Blut aussaugt, das Fleisch aber liegenläßt."

Schultze: Damit würde mir nu weniger gedient sein.

Der Herr: „Dies geschieht jedoch nur in der Freiheit. In der Gefangenschaft lebt er von dem Saft süßer Früchte, von Honig und verschiedenen Zuckerwaren."

Müller: Also der reine Bonbonschultze?

Der Herr: „Den Tag über schläft er mit herabhängendem Kopf, wie alle Nachtvögel. Sobald jedoch die Dämmerung eintritt, macht er die Flughäute frei."

Müller: Mit 'ne Briefmarke?

Schultze: St! Stille doch! — Sie verzeihen, warum heißt er eijentlich der fliegende Hund?

Der Herr: Weil der Kopf einem Fuchse ähnlich sieht und ihm die Füße gänzlich fehlen.

Schultze: Drum eben! Immer wunderte mir schon, daß er sich nich schubberte. Er scheint in dieser Beziehung wenig von den Hunden zu haben.

Der Herr: „Er ist das erste lebende Exemplar, welches in Europa gezeigt wird." (Er steckt die Hand in den Käfig und faßt den Vampyr.)

Müller: Sie — lassen Sie das sein! Machen Sie keine Witze!

Der Herr: O seien Sie unbesorgt, meine Herren. Wie ich Ihnen bereits gesagt, ist das Tier unschädlich, solange es hell ist. Nur in der Dunkelheit ist es ihm möglich —

Müller: Können Sie denn nicht 'mal die Rollo 'n bißchen 'runterlassen, damit er aufrührerisch wird?

Der Herr: Dies würde gefährlich sein und möchte leicht zu einem Unglück Veranlassung geben. Ich selbst wage mich des Nachts nur in einer Blechmaske mit Glasaugen zu ihm.

Müller: Aber hören Sie mal, des is ja grade das Interessante! Wenn Sie das für nächsten Sonntag ankündigen, denn haben Sie es so voll, daß kein Apfel zur Erde kann.

Der Herr: Meinen Sie?

Schultze: Versteht sich! Da kennen Sie Berlin nicht.

Der Herr: Das Tier könnte jedoch leicht jemanden durch seinen Biß verletzen.

Müller: I, die Berliner beißen auch auf alles. Wenn Sie an die Säulen schlagen lassen: Heut Abend jroßes Vampyr-Ausschieben und frische fliegende Hundekeile; jeder jeehrte Jast erhält an der Kasse eine Blechmaske mit Jlasaugen — denn sollen Sie mal was erleben!

Der Herr: Ein starker Zuspruch würde mir allerdings sehr angenehm sein. Wünschen sich die Herren noch die Schmetterlinge anzusehen?

Schultze: Danke herzlich. Eine Seeschlange haben Sie sonst nicht?

Der Herr: Nein. Aber die Herren sind doch wohl mit der Schaustellung zufrieden?

Müller: O gewiß. Man kann sich ein Viertelstündchen hier recht angenehm unterhalten. Nur wie gesagt, das Entrée wünschte ich etwas niedriger. Vielleicht: Erwachsne zahlen in Begleitung von Andern jar nicht. Kinder die Hälfte. Da würden Sie ein schönes Jeld zusammenschlagen!

(1857)

Sokrates

Atheniensisches Künstlerdrama

Bei dem außergewöhnlichen Erfolge, den Laubes „Karlsschüler" (Schiller), Gutzkows „Königslieutenant" (Göthe), Mosenthals „Dichterleben" (Bürger), Elise Schmidts „Genius und die Gesellschaft" (Byron), Wilhelmis „Einer muß heiraten" (Gebrüder Grimm), Charlotte Birch-Pfeiffers „Iffland" und Girndts „Lessing und Mendelssohn" gefunden, dürfte auch „Sokrates", welcher ebenfalls den Charakter und das Leben einer ziemlich bekannten Persönlichkeit schildert, auf die Teilnahme eines gebildeten Publikums zu rechnen haben.

Erstes Bild

Der Sohn der Hebeamme

Zimmer bei Sophroniskus. Es wird spät.
Sophroniskus. Phänarete.

Sophroniskus: Wo nur der Schlingel, der Sokrates, heut wieder bleibt? Ich habe ihm doch ein für allemal befohlen, um die Bürgerstunde zu Hause zu sein.

Phänarete: (fällt ihm in die Rede und um den Hals) Unsere Sanduhr geht vielleicht vor, lieber Mann; und Kratelchen kommt gewiß bald, Vater!

Sophroniskus: Du nimmst den Jungen immer in Schutz, Alte!

Phänarete: Das hab ich noch so an mir von der Zeit, wo ich ihn unter meinem Herzen trug. Mußten wir doch damals auch in Geduld warten, bis er kam! Und *als* er kam, die Freude! (Trocknet sich die Augen.)

Sophroniskus: Das kennt man bei Euch Hebammen. *Ich* meinesteils bin froh, daß ich die Freude nur das eine Mal genossen. Morgen muß mir der abgewachsene Bursche aus dem Hause. Er mag sehen, wie er sich durch die Welt bringt. Im Atelier kann ich ihn nicht brauchen, zum Bildhauer ist er verdorben. Ist seine Wäsche in Ordnung?

Phänarete: Die Aeschinessen hat sein zweites wollenes Hemde zum Plätten drüben. Sie wollte es diesen Abend noch abliefern. Doch still — hört' ich nicht was?

Sophroniskus: Es pfeift jemand draußen auf unsre Penaten.

Phänarete: (freudig) Das ist unser Sokratessel! Er pfeift seinen Lieblingswalzer „An dem schönen blauen Piräus".

Sophroniskus: So komm', wir wollen uns hier in diesem Spinde verbergen und horchen, was er im Sinn hat.

Sokrates. Die Vorigen (im Spinde).

Sokrates: Da wäre ich denn wieder in den väterlichen Räumen. Aber was *ist* der Raum? Der Raum ist die unendliche Ausdehnung nach allen Richtungen, in welcher die Dinge mit- und nebeneinander bestehen, die ursprüngliche Form des Anschauens und die Bedingung, ohne welche die objektive Welt dem äußeren Sinne sich nicht erklären würde. Der Raum ist das Principium der Form aller Erscheinungen, welche in die Wahrnehmung treten. Wenn nun die Rezeptivität des Subjekts weder nach der absoluten, noch nach der relativen Bestimmung von dem Dasein der Dinge allen Anschauungen des Objekts vorhergeht, so läßt sich annehmen, daß die Form aller Erscheinungen a priori —

(Sophroniskus und Phänarete stürzen aus dem Schranke.)

Sophroniskus: Halt ein, Ungeratener!

Phänarete: (händeringend) Mein armes Kind!

Sokrates: Sie haben alles gehört — ich bin verloren!

Sophroniskus: Also das sind die Früchte Deines heimlichen Ausbleibens?

Sokrates: Ja, mein Vater, was soll ich es länger leugnen? Ich will Philosophie studieren, um ein ideelles Leben zu führen.

Sophroniskus: Weil Du nichts Reelles gelernt hast!

Sokrates: Erlauben Sie, mein Vater: Idealität *ist* die Realität eines Teils der Totalität des absoluten Seins! Überzeugen Sie sich jetzt, daß ich zum Denker geboren bin?

Sophroniskus: Zum Denker? Zum Henker! Der Tragödienfabrikant Sophokles sagt: „Der Mensch ist nur glücklich, wenn er gar nicht denkt."

Sokrates: Und an einer andern Stelle sagt er: „Denken ist das höchste Glück des Sterblichen." So konfus sind die Poeten, so widersprechen sie sich. Nur die Philosophie führt zur reinen Vernunft! (Beiseite) Oh, wenn nur mein Kant schon lebte!

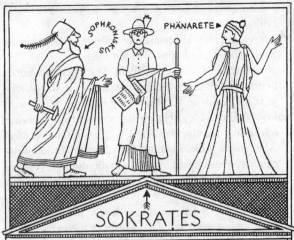

Sophroniskus: (im höchsten Schmerz, fast tonlos) Die Philosophie!

Phänarete: (ringt abermals die Hände) Mein armes Kind! (Bricht in lautes Weinen aus.)

Sophroniskus: Heule nicht, Weib! Du trägst die ganze Schuld! Hättest Du ihn nimmer geboren, so hätte er jetzt nicht solche Einfälle.

Sokrates: Das ist logisch, mein Vater, darum verzeihe ich Ihnen den ungalanten Ton gegen meine Mutter. Aber mein Wille, mich als Privatdozent zu habilitieren, steht fest; und da der Wille die dunkle Notwendigkeit der unmittelbaren Wahrnehmung a priori ist —

Sophroniskus: Noch einmal dieses a priori und ich rede a posteriori mit Dir! Fort aus meinen Augen, ohne Dein zweites wollenes Hemd! Geh zu Deinem Anaxagoras, zu Deinem Archelaus, zu Deinem Prodikus; über meine Schwelle aber komm' mir nicht mehr!

Sokrates: (vernichtet) Das ist ungeheuer dramatisch! Doch der Wille ist der Mensch! „So leb' denn wohl, du stilles Haus!" Wolle, Sokrates, wolle! (Geht langsam ab.)

Phänarete: (verzweifelnd) Ich habe selber keine mehr; er muß sich ohne Wolle auf die Socken machen! (Der Vorhang fällt langsam.)

Atheniensische Demi-Monde

Salon bei Aspasia. Aussicht ins Freie.
Perikles. Aspasia.

Aspasia: So gefällst Du mir, Perikles, wenn Du mir das Stricken abnimmst. Für uns emanzipierte Frauen ist dies keine Beschäftigung. Deine Würde als athenischer Staatsmann leidet darunter nicht; spann doch der göttliche Herkules bei der Omphale Wolle! (Sokrates tritt ein und hört das letzte Wort.)

Sokrates: Wolle! Das ist *mein* großes Wort, das bringt den Geist auf die Strümpfe. Bon jour, meine Freunde!

Perikles: Du scheinst ja heut sehr aufgekratzt, alter Gottesleugner?

Sokrates: (singt)
Gegessen, getrunken, den Corpus gepflegt,
Aspasien geliebt und ein Bänkchen gelegt,
So leben wir alle Tage!

Aspasia: Eine recht philosophische Heiterkeit!

Sokrates: Heiterkeit, meine Freunde, ist die reine Stimmung des Gemüts, welche auf einem Freisein von innern unangenehmen Gefühlen beruht. Ein heiterer Sinn ist daher ein Sinn, welcher sich von solchen Gefühlen frei erhebt. Die Heiterkeit wird von körperlicher Gesundheit gefordert, obgleich ihre Hauptgrundlage Harmonie des Seelenlebens ist; daher alles, was diese erhält, als: Mäßigkeit der Ansprüche an das Leben, Beschränkung der sämtlichen Genüsse, treue Pflichterfüllung, Beobachtung der Landesgesetze und ein frommer Sinn die Mittel sind, die Heiterkeit selbst im Unglück zu behaupten oder wiederzugewinnen.

Aspasia: (leise zu Perikles) Welcher Sprudel von Weisheit! Und dabei sieht er so abgefallen aus!

Perikles: Er ist es auch, nota bene, von den Göttern.

Aspasia: Ich möchte den armen Schlucker heut zu Tische hierbehalten. Geh, Perikles, barbiere Dich und sieh nach der Küche!

Perikles: (steht auf) Nach der Küche will ich sehen, aber das Barbieren kann ich lassen. *Du* wirst es in meiner Abwesenheit besorgen.

Aspasia: Knurre nicht! Wofür wäre ich Aspasia? (Perikles geht und sieht nach der Küche.)

Aspasia: Setzen Sie sich, Sokrates! Ich sehe Sie stets gern bei mir.

Sokrates: (erfreut) Wirklich, schöne Frau? (Küßt ihr die Hand.)

Aspasia: Ich wäre sogar imstande, Sie zu lieben —

Sokrates: Oh, seien Sie es imstande, ich bin zu Gegendiensten bereit!

Aspasia: Wenn Sie nur nicht so häßlich wären!

Sokrates: Madame, für geniale Frauen gibt es keinen häßlichen Mann!

Aspasia: Ich will etwas andres für Sie tun. Sie sind nicht glücklich, Sokrates?

Sokrates: Glück ist alles, was auf das Wohlsein eines oder mehrerer Menschen Einfluß hat, was aber meistenteils nur die Dummen haben.

Aspasia: Essen Sie heut einen Löffel Suppe bei mir!

Sokrates: Müssen Sie denn immer geistreich sein? Sie beschämen mich. Den Löffel kann ich nicht anneh-

men, denn ich bin als konfessionsloser Lehrer ge-
maßregelt worden. —

Aspasia: Was? Von der Schule entfernt?

Sokrates: Darum entschuldigen Sie mich: Ich muß gehen und eine neue gründen!

(Er geht und tut es.)

Aspasia: (bleibt sitzen und stützt gedankenvoll den
Kopf in die Hand, mit leisem Seufzer über das Los
der Schulmeister. Dann spricht sie in sich hinein:)
Wie kann ein Mensch auf dieser Erden
Absichtlich noch Schulmeister werden?

(Der Vorhang fällt.)

Die Schule des Sokrates

Aristippos: Was hältst Du für das erste Gebot, Sokrates?

Sokrates: Das erste Gebot ist: Du sollst Deinem Ne-
benmenschen keine Langeweile verursachen!

Antithenes: Wie schafft man Tyrannen auf erlaubte
Weise aus der Welt?

Sokrates: Man schmeichelt sie zu Tode.

Euklides: Was verzehrt man am liebsten?

Sokrates: Seine Zinsen.

Apollodoros: Was ist unverschämt?

Sokrates: Wenn man schon hunderttausend Taler hat
und noch das große Los gewinnt.

Aeschines: Wer ist glücklich?

Sokrates: Wer alle diejenigen prügeln kann, die er
gern prügeln möchte.

Kriton: Was hältst Du vom Spiel?

Sokrates: Daß die Staatslenker es oft so lange treiben, bis sie es verlieren.

Platon: Was ist überraschend?

Sokrates: Wenn der Student kein Geld mehr zu haben glaubt und findet in seiner Westentasche einen Fünftalerschein.

Kritias: Wer vergißt *wen* am leichtesten?

Sokrates: Der Schuldner den Gläubiger.

Xenophon: Welches ist unter allen Kunststücken das schwerste?

Sokrates: Eine Summe, die man verborgt hat, wiederzubekommen.

Lysias: Welche Kommission ist die unangenehmste für jedermann?

Sokrates: Die Einschätzungs-Kommission!

Aristippos: Um welches Los soll jeder gute Mensch den Himmel bitten?

Sokrates: Ums große.

Euklides: Was machte Orpheus?

Sokrates: Volle Häuser.

Melittos, Anytos und Lykon: (von außen) Nieder mit dem frivolen Witzling! Nieder mit dem staatsgefährlichen Subjekt, dem Demagogen!

Sokrates: Hört ihr die neidischen Konkurrenten, wie sie mich verdächtigen? Paßt auf, es dauert nicht lange, so werde ich konfisziert!

(Der Vorhang fällt.)

Sokrates in seiner Häuslichkeit

Xanthippe: Was hast Du wieder ausgefressen, kahl-
köpfiger Sünder, daß Du so niedergeschlagen bist?

Sokrates: Heut ist der Tag, an dem ich Dich geheiratet.

Xanthippe: Sagst Du mir Sottisen zum Dank dafür,
daß ich alles, was ich besitze, mit Dir teile? Da,
nimm! (Schleudert einige Blumentöpfe vom Fen-
sterbrett auf ihn.)

Sokrates: Sei gesegnet, Götterweib, für die ersten Kinder des Frühlings!

Xanthippe: (wirft ihm einige Rosenstöcke vor die
Füße) Bist Du noch nicht zufrieden?

Sokrates: „Rosen auf den Weg gestreut und des
Harms vergessen!"

Xanthippe: (wirft ihm einen Topf an den Kopf) Wirst
Du *nun* genug haben?

Sokrates: „Aber, Schatzkind, muß denn alles nach
meinem Kopfe gehen?"

Xanthippe: (atemlos) Meiner Treu, wenn Aristophanes
diese Ruhe sähe, er würde bereuen, Dich lächerlich
gemacht zu haben.

Sokrates: Lächerlich? Im Gegenteil: Er hat mich *in
den Wolken* erhoben.

(Der Vorhang fällt über diesen Sprachfehler.)

Die Konfiskation

Sokrates im Kerker, in Ketten und im Selbstgespräch.

Sokrates: Das habe ich nun davon! Warum mußte ich andre denken und schließen lehren? Jetzt bin ich selber geschlossen. O si tacuisses, philosophus mansisses!
(Die Schüler kommen.)
Das ist mir lieb, daß Ihr kommt. Ich habe Euch noch einige wichtige Wahrheiten vor dem letzten

Aktschluß mitzuteilen. Verachtet keinen Menschen; denn Ihr wißt nicht, wie und wo Ihr ihn einmal brauchen könnt! Kälte zieht zusammen und Wärme dehnt aus; darum sind die Tage im Winter so kurz und im Sommer so lang. Eine andre physikalische Regel beachtet gleichfalls: Laßt Euch nie zu einem Schriftsteller einladen, der seine eignen Werke vorliest; denn solche Abende wirken entschieden gesundheitsnachteilig! Werft den Ballettänzerinnen nichts vor, auch keine Kränze; denn Kränze gebühren Köpfen, nicht Füßen! Trinkt lieber mit geistreichen Leuten Champagner, als daß Ihr Euch mit talentlosem Gesindel in Aktienbier berauscht! Wenn Ihr etwas kaufen wollt, so kauft Amerikaner, aber keine Türkische Anleihe, und noch weniger kauft Euch jemals einen Regenschirm; denn Ihr laßt ihn einmal irgendwo in Gedanken stehen. Das ist so unzweifelhaft, daß ich Gift darauf nehmen will!

(Er nimmt Gift.)

Isokrates: (stürzt herein) Haltet ein!

Sokrates: Das ist wieder überaus dramatisch. Aber warum?

Isokrates: Man hat sich von Deiner Schuldlosigkeit und Deinen Verdiensten überzeugt. Ich komme soeben aus dem Prytaneum, wo Du täglich gegen eine Marke gespeist werden sollst. Hier dreißig Marken für den nächsten Monat, und hier als besondre Remuneration ein Adler!

Sokrates: Zu spät! Außerdem ist es nur ein Adler vierter Klasse, zum Quartaner bin ich zu alt. Ich erlasse dem Staat seine Schuld. (Zu den Schülern gewendet) Wir aber sind dem Aeskulap einen Hahn schuldig; seht, daß Ihr einen alten, gallischen bekommt! (Er stirbt.)

Ende des Dramas.

(1858)

Über stehende Heere

Deutsche Arbeit von Karlchen Mießnick

Die stehenden Heere sind eine traurige Notwendigkeit, da sich niemand entschließen kann, sie abzuschaffen. Würde jedoch einmal damit der Anfang gemacht, so würden die anderen schon von selbst nachfolgen.

Der Name ist insofern unrichtig, als nur wenige auf Posten oder des Abends im Hausflur stehen, die übrigen jedoch in den Kasernen liegen, Tabak rauchen, Karten spielen, das Lederzeug putzen und im Tiergarten sich mit den Kindermädchen aufhalten, wodurch dem Staate die besten Arbeitskräfte entzogen werden.

Das stehende Heer verleiht dem Staate Sicherheit, so daß jeder Bürger ruhig schlafen kann. Jedoch findet auch das Gegenteil statt, indem das stehende Heer Mißtrauen hervorruft. Hebt nämlich eine Regierung 1 000 Mann mehr aus als die andere, so kann sich das die dritte nicht gefallen lassen und hebt 2 000 mehr aus; und so überbieten sie sich gegenseitig, bis sie so viel gehoben haben, daß sie nicht mehr wissen, wohin damit, und die Grenzen überschreiten. Hieraus entsteht der sogenannte Krieg, der vieles Ungemach mit sich führt, indem eine Menge Menschenleben verloren gehen, welches von Zeit zu Zeit eine Wohltat für die europäische Überbevölkerung ist.

In früheren Zeiten dauerte er bis dreißig Jahre. Unter dem alten Fritz nur sieben, weil er auch in dieser Beziehung kurz und entschlossen war.

Die Freiheitskriege rechnet man schon nur drei Jahre. Sie tragen ihren Namen, weil wir uns von Napoleon befreiten, indem sich ganz Europa ein für allemal verschwor, diesen Mann nicht mehr über die Schwelle zu lassen.

Zu dem letzten Feldzuge brauchten wir nur sieben Tage, indem durch die Verbesserung der Schußwaffen in dieser kurzen Zeit eine hinlängliche Anzahl von Menschen getötet wurde.

Durch diesen Fortschritt des menschlichen Geistes werden die Kriege immer kürzer, da persönliche Gefechte nicht mehr stattfinden, sondern durch einfaches Auffahren der Kanonen die gegenseitige Vernichtung im bessern Sinne der Zivilisation schneller und sicherer herbeigeführt wird.

Dieses der Zweck der stehenden Heere im Kriege.

Im Frieden dient es zur Aufrechterhaltung der Ordnung und wird alsdann wieder um einige tausend Bajonette vermindert, so daß ungefähr auf zehn Bürger nur eins kommt. Hierfür zahlt dieser die Steuern, direkt sowohl als indirekt. Das letztere geschieht durch die Köchin oder das Hausmädchen, welche von jeder Speise etwas aufhebt und es dem im Hausflur stehenden Heere alsdann herunterbringt.

Ein anderer Übelstand ist die oft hierdurch entstehende Vermehrung der Staatsschuld, wonach die Regierung jeden Morgen mit einem dicken Kopf aufsteht, indem sie von einem Bankier borgen muß, um den andern zu bezahlen, welches wohl selten ein gutes Ende nimmt.

Da nun das stehende Heer meist von Frankreich ausgeht, so bleibt nichts übrig, als daß ganz Europa darüber herfällt, um endlich einmal Ruhe zu bekommen, wie es das vorgerückte Zeitalter erfordert.

(1859)

Über die Zukunft

Deutsche Arbeit von Karlchen Mießnick

Die Zukunft ist gewöhnlich mit einem Schleier verhüllt, welches sie interessant macht, obgleich sie gewöhnlich häßlich ist, indem sie sonst keinen Schleier nötig hätte. Vor alten Zeiten gab es jedoch Menschen, welche vieles durchsahen. Diese nannte man *Seher*, oder auch *Moses* und *die Propheten*, welche bei uns so gut wie nicht mehr vorhanden sind. Sie sagten auch selten etwas Gutes voraus, weshalb sie meist recht behielten oder gesteinigt wurden.

Auch heut sieht jeder Mensch mit Besorgnis in die Zukunft, was mir jedoch mein Papa verboten hat, indem er meinte, so ein grüner Junge wie ich darf noch nicht schwarz sehen.

Die Zukunft, im Lateinischen auch Futurum genannt, wird es lehren — sagt man gewöhnlich, weshalb wir jetzt Ferien haben und der Zukunft alles überlassen können. Auch nach dem Tode gibt es eine Zukunft, von der jedoch in einem aufgeklärten Staate ein jeder denken kann, was er will.

Am besten unterrichtet über die Zukunft sind gegenwärtig Napoleon und Bismarck, welche aber nicht leicht aus der Schule plaudern werden. Hat man das Glück, mit diesen beiden Herren bekannt zu sein, so weiß man, ob man im künftigen Jahre noch leben wird oder nicht. Noch höher als diese beiden Herren steht die sogenannte Weltgeschichte, welche ihre geheimen Gänge hat und sich nicht mit allem und jedem einläßt.

Die meisten Völker glauben blind an ihre Zukunft, gehen drauf wie verrückt und lassen sich abschlachten, indes wir Preußen vernünftig sind und die Zukunft *gehörig abwarten*, wodurch sie sich vielleicht geschmeichelt fühlt und uns gehört.

(1859)

Der Karneval

Der Karneval ist ein komischer Stoff, weshalb er auch so behandelt werden muß, da er keinen Ernst verträgt. Schon die Alten kannten ihn unter dem Namen Fasching; heut ist er jedoch mehr für die jüngeren Leute. Das Wort stammt von *Caro* her und *vale*, was soviel heißt als: Adieu Fleisch! — weil man während dieser Zeit darauf Verzicht leistet und meist von Fastenspeisen und Fischen lebt. Diese bestehen in Milchreis und sauren Heringen, die man des Morgens unter der Bezeichnung „Kater" genießt. In höheren Kreisen sucht man sich durch Backfische schadlos zu halten.

In katholischen Ländern, wozu insbesondere Italien gehört, wird während der ganzen Fastnacht die Haustür nicht geschlossen. Jedermann ist lustig oder begeht sonst einen dummen Streich, was durch das Werfen mit Konfetti noch besonders erhöht wird. In protestantischen Gegenden geschieht dies gleich nach Tisch mit Brotkugeln, bei Arnim Unter den Linden dagegen mit Servietten.

Der „Karneval von Venedig" ist für die Violine. Den „Römischen" hat Göthe in einem Bande beschrieben. Das billigste Kostüm zu einem Maskenball ist für Herren, als Dame zu gehen, indem man nur die Kleider von seiner Schwester anzieht. Auch ein Chorjunge ist leicht herzustellen, indem man nur ein Hemd überzieht und eine dicke Wachskerze in die Hand nimmt.

Ebenso wird ein Seifensieder gemacht. Schwieriger dagegen ist ein Türke oder Ritter, weil man in diesem Falle ein Pfand lassen muß, wenn Flecke in die Trikots kommen. Will man sich nur geringe Ausgaben machen, so geht man als Dante, wo man bloß den Hut wegläßt und sich einen Kranz aufsetzt.

Die traurigsten Masken sind die Harlequins und Policinells, indem diese immer man so tun müssen, als wären sie ausgelassen, springen und mit der Pritsche klatschen, was sie aber bald überdrüssig kriegen, indem sich keiner nach ihnen umsieht, worauf sie sich verdrießlich in eine Ecke setzen und eine Zigarre rauchen.

Als Domino kommt man nur und sieht sich im ganzen Saal um, als ob man jemand suche, worauf man mit einer anderen Maske bald darauf erscheint. Auch als Mönch ist es hübsch, weil man nichts darunter zu haben braucht, wodurch man leicht seinen Spaß haben, aber auch oft hinausgeworfen werden kann.

Um zwölf Uhr ist die Pause, wo das Essen gewöhnlich sehr schlecht und der Braten von gestern ist.

Für Nachtdroschken ist gesorgt.

Karl Mießnick

(1859)

Note intime

Situation politique, morale, réligieuse et matérielle
de l'Europe

Um in Europa endlich wieder einmal das Gefühl der
Sicherheit und des behaglichen Lebensgenusses her-
stellen zu können, ist es vor allem notwendig, die
Wünsche und Gesinnungen der Bewohner dieses Erd-
teils kennenzulernen. Wir benutzen daher die Verbrei-
tung, die unsere Werke über alle Länder genießen, an
die Bewohner Europas folgende Fragen zu stellen und
um portofreie Beantwortung derselben zu ersuchen:

1.) Welches sind Ihre Bedürfnisse außer Essen,
Trinken, Wohnung, Kleidung, Licht, Holz, Liebe, Wäsche, Badereisen, Zigarren und Champagner?

2.) Aus welchem Grunde wünschen Sie Mord,
Brand, Totschlag und gezogene Kanonen?

3.) Wieviel wiegt Ihre Vaterlandsliebe, und zu welchem Preise können Sie uns dieselbe ablassen?

4.) Wie groß ist Ihr Wunsch, daß irgendeine Pro-
vinz irgendeines Landes unter die Regierung irgendeines andern Landes gelange?

5.) Nennen Sie uns den Teil Ihres Vermögens, den
Sie zur Erreichung dieses Wunsches opfern wollen.

6.) Nennen Sie uns diejenigen Gliedmaßen Ihres
Körpers, die Sie zu demselben Zweck abgeschossen
oder abgehauen wünschen.

7.) Bezeichnen Sie die Farbe Ihres Überziehers, um die Farbe des Bandes bestimmen zu können, welches Ihrem Knopfloch entspricht.

8.) Sagen Sie uns, wie wenig oder wie viel dazu gehört, daß sich in Ihrem Orte wie überall die ehrlichen und vernünftigen Menschen zusammentäten, um die Ruhestörer, welche unter dem Deckmantel der Religion, des Patriotismus und der Zivilisation ihr Wesen treiben, ein für allemal unmöglich machen.

Der gesunde Menschenverstand
Gegenz. *Kladderadatsch*

(1860)

Vom alten ehrlichen Deutschen

Illustrierte Studie

Deutschland ist schon von alten Zeiten her ein herrliches, liebliches Land. Wohin das Auge schaut, sieht es grünende Auen, wogende Kornfelder und sanft wallende Ströme. Dort bläst ein Hirt auf der Schalmei, hier angelt ein Fischer oder verhandelt an den Meistbietenden die deutsche Flotte; da jagt ein munterer Fürst seine treuen Untertanen zum Lande hinaus und empfängt dafür später, wie alles Gute und Böse in der Welt, seinen Lohn — von der englischen Bank.

In diesem schönen und glücklichen Lande wohnt der alte, sogenannte ehrliche Deutsche, den die Hoffnung nie verläßt und der, wenn er sich noch so unglücklich fühlt, nie einen „Schmerzensschrei" ausstößt. Erwacht er des Morgens, so ist sein erster Gedanke: „Was könnte ich wohl für meinen Fürsten tun?" und hält im übrigen die ihm als „Strafe Gottes" zugefügten Sprachwerkzeuge.

Hat der alte ehrliche Deutsche Speise und Trank, und seine Frau und Kinder photographiert, so sieht er weniger auf gute Behandlung als bei seinem fünfundzwanzig- oder fünfzigjährigen Jubiläum dem Roten Adlerorden jeder Klasse furchtlos entgegen und stirbt, wie er gelebt, mit dem aufrichtigen Wunsche, nicht noch einmal als Deutscher auf die Welt zu kommen.

Da ihm aber dennoch in der tiefsten Tiefe seines Herzens „Deutschland über Alles" geht, so erhält er sein Vaterland erst wieder in dem Augenblicke, wo — alles über Deutschland geht.

Zu den Hauptfreiheiten und Privilegien, die das deutsche Volk genießt und die ihm immer ungeschmälert geblieben sind, gehört zunächst der Genuß der vier Jahreszeiten.

Kommt der Mai, so besingt ihn der Deutsche mit derselben Klarheit des Ausdrucks, mit der er seine ehemaligen Landesväter oder gegenwärtigen Landesmütter zu besingen pflegt, schickt den ersten Käfer des Monats der „Tante Voss" und genießt den Frühling als besser situierte Minderheit mit Spargel und jungen Hühnern.

Der größte Dichter der Deutschen ist Göthe. Sein schönstes Werk ist der „Tasso" und die schönste Stelle im „Tasso":

Der Mensch ist nicht geboren, frei zu sein.

Ein anderer größter deutscher Dichter, Schiller, sagt dagegen in einem schönsten Gedichte:

Der Mensch ist frei geboren, ist frei.

Diese seltene Übereinstimmung und Einheit des Gedankens ihrer größten Dichter geht durch die ganze Nation und findet ihren erhabensten Ausdruck im Norddeutschen Reichstag.

Sonstige Produkte Deutschlands sind Kartoffeln und Sitzfleisch, Spielbanken, schätzbares Material und Biedermänner aller Sorten.

Gefunden wird Eisen, Galmei, Kohlen und vieles andere Schauderhafte. Silber gewonnen wird nur an wenigen Orten — am wenigsten in Homburg, Baden-Baden und Wiesbaden.

Gerieben werden Salamander.

Gedrängelt darf nicht mehr werden.

Dagegen wird viel gelöscht, obgleich noch hier und da mancher schöne Durst verloren geht.

Ausgeführt wird der Peterspfennig, teils bar, teils durch billigen Ankauf römischer Kunstgegenstände.

Wissenschaften und Künste blühen — selbst im Beamtenstande. Preußische Gerichtsassessoren treiben bereits die Kunst, ohne jedes Einkommen zu existieren, fast zu weit!

Ebenso reich ist die deutsche Sprache. Sie gehört zu den reichsten der Welt, obgleich Österreich noch keine Anleihe bei ihr versucht hat.

Eine gleiche Mannigfaltigkeit und Farbenpracht zeigt das Papiergeld, da es zu den deutschen Grundrechten gehört, daß jeder regierende Herr die Pflicht hat, von Zeit zu Zeit Wechsel in verschiedenen Größen auf seine Untertanen auszustellen.

Zur Beförderung des Handels und zur Erleichterung des Verkehrs dienen 15 verschiedene Postsysteme und Eisenbahnreglements, 45 verschiedene

Wechselordnungen und über 4 Millionen verschiedene Gesetze, Verordnungen und Strafbestimmungen, welche jeder rechtliche Deutsche genau kennen muß, um auf einer Reise durch Deutschland nicht in die Gefahr zu kommen, durch Übertretung einer dieser gesetzlichen Vorschriften, trotz Paß, Paßkarte, Bürgerbrief, Steuerquittungen und so weiter zu ruchlosem Gesindel ins Gefängnis geworfen, abgeseift, geschoren und mit Kaldaunen gefüttert zu werden.

Neueste Nachrichten in Deutschland sind endlich, daß China untergeht und daß die alten ehrlichen Deutschen von den Jungen überlebt werden.

(1861)

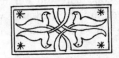

Aus dem
„Musterbuch für das wahre Volk"
(Volksblattstudien)

Das Mehrheitsgeschöpf

Das Volk ist gut, das wahre Volk. Aber das wahre Volk leidet Not: es kann nicht arbeiten. Es kann und darf nicht arbeiten, um sich von dem Kapital ausbeuten und mißbrauchen zu lassen! Es muß den Augenblick abwarten, wo es das Joch derer abschütteln wird, die es in die Knechtschaft gebracht. Da sitzt das arme wahre Volk in den wenigen feuchten Kellern, in denen das Preußische Volksblatt und der feudale Kartoffelkümmel gratis verabreicht wird, und wartet sehnlichst auf das Zeichen zur sachgemäßen Lösung der Arbeiterfrage.

In der ersten und zweiten Etage aber wälzt sich das elende *Mehrheitsgeschöpf* auf dem schwellenden Kanapee, im Golde wühlend und auf neue schändliche Beiträge für den Nationalfond sinnend. Hei! wie es die blanken Füchse hin und her wirft. Ob es ihm einfallen wird, auch nur einen davon nach der Wilhelmstraße zu schicken? O über euren elenden Mammon! Aber das *wahre Volk* wird eines Tages kommen und euch, ohne Unterschied des Glaubens, aus dem Arm der Wollust reißen, wenn nicht die für die Rittergüter der ihren Beruf nicht verfehlt habenden Literaten notwendigen Beiträge bis spätestens am 23. d. Mts. eingegangen sind. O über euch erbärmlichen *Mehrheitsgeschöpfe!*

Der brave Soldat

Da war einmal ein braver Soldat, der diente schon 75 Jahre. Nicht wahr, das ärgert euch, ihr Demokraten, die ihr nur die zweijährige Dienstzeit wollt? Aber wartet nur, es kommt noch besser. Der brave Soldat diente also schon 75 Jahre; denn der Volkston erheischt es, daß man alles wiederholt, was dem Volke eingeprägt werden soll. Also diente der brave Soldat schon 75 Jahre. Da kam der Tod, und der brave Soldat sollte sterben. „Hei", sagte er, „ich will ja gern noch weiterdienen, wenn ich nur nicht zu sterben brauche!"

Solche Gesinnungen leben noch im Volke, und sind wir gern bereit, die Adresse des nun leider schon verstorbenen Veteranen mitzuteilen. Beiträge werden in der Wilhelmstraße angenommen.

Der fromme Handwerker

Hei! wie jubelte die schlechte Presse schon und glaubte, sie hätte bereits die guten alten Sitten und Gebräuche im Lande gänzlich untergraben. Dem ist aber nicht so. Das *wahre Volk* hält noch fest an dem ihm von den Vätern Überkommenen. Da lebt denn so ein frommer Schuhmacher in dem stillen Reetzengäßlein des sündhaften Berlins, der hält noch seinen Sonntag und feiert ihn. Und wenn der Montag kommt, so macht er blau, wie es schon unsere Väter vormals taten. Und wenn der Dienstag kommt, so spricht er den alten guten Spruch aus unserer Väter Vorzeit: „Ei du

Dienstag, du kannst mir nicht gefallen!" Mittwochen aber hält er schon früh um 9 Uhr auf einen starken Morgentrunk, wie die alten Väter taten, so daß er nichts mehr arbeiten kann. Des Donnerstags aber betet er den guten alten Spruch aus früheren Tagen: „Nun geht die Woche bald zu Ende!" Wenn nun der Freitag da ist, da möchte er wohl gern arbeiten. Aber steht nicht geschrieben: „Der Freitag ist ein Unglückstag, da soll ein frommer Handwerksmann nichts beginnen!" Nicht wahr, das ärgert euch, ihr Demokraten? Denn die guten alten Sitten, die im Volke noch frische Wurzelkraft haben, sind euch ein Dorn im Auge! Aber wenn ihr euch auch ärgert, daß ihr schwarz-rot-gelb werdet — — der fromme Handwerksmann arbeitet am Freitag nicht. Aber am Sonnabend, wo die Juden ihren schändlichen Sabbat feiern und in den Hinterhäusern der Rosengasse die armen Christenknäblein in Gänsefett braten, da sagt sich der fromme Handwerker: Was soll ich denn mit der angerissenen Woche nun erst noch anfangen? und bereitet sich daher zum Sonntag vor.

Solcher braver Handwerksleute aus der alten guten Zeit leben noch in dem sündigen Berlin, unbeirrt von dem elenden Treiben der Hauptstadt und ihrer fieberhaften Industrie, und werden Beiträge gern angenommen in der Wilhelmstraße.

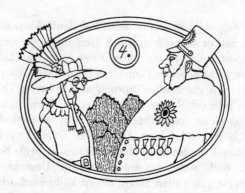

Schöner Zug aus dem Leben eines edlen Fürsten

Einst ging August der Siebente allein. Da begegnete ihm eine alte Frau. „Nun, du Weib!" sagte er, „was machst du da?" — „Danke, Herr August!" sagte die Alte; denn sie kannte den edeln Fürsten.

Solcher Züge besitzen wir noch viele in der Geschichte. Das ärgert euch, ihr Demokraten, nicht wahr? Aber ihr könnt sie nicht totschweigen und werden Beiträge gern angenommen in der Wilhelmstraße.

Lumpacivagabundus
oder:
Das lüderliche Kleeblatt

Es ist ein sicheres Zeichen des Abfalls der Zeit, wenn ganz verkommene Subjekte anfangen, eine bedeutende Rolle zu spielen, wie wir dies heut so oft sehen. So werdet ihr, lieben Landsleute, jetzt vielleicht schon hin und wieder die Namen *Lessing*, *Göthe* und *Schiller* gehört haben, die allerdings in einem guten Volksbuche nicht vorkommen sollten, und die wir daher auch nur erwähnen, um doch einmal zu zeigen, was das für Geisteskinder sind, mit denen die Umsturz- und Schwindelmacher die alten festen Güter des Glaubens und der Ordnung an sich reißen wollen.

Gotthold Ephraim Lessing war, wie es schon der Vorname Ephraim genügend bezeichnet, von Haus aus ein gelernter Spieler. Hatte er die Nacht am Kartentische zugebracht und sein schönes Vermögen vergeudet, so griff er den Pastor Götze in Hamburg an oder stellte einen Nathan den Weisen aus, um sich zu helfen. Von seinen sonstigen Werken etwas mitzuteilen, sträubt sich die Feder, und seid ihr, lieben Landsleute, auch Gott sei Dank! noch nicht so verdorben, um etwas davon verstehen zu können.

Wolfgang Göthe. — Auch hier sagt wohl schon der Vorname, was von ihm zu erwarten stand. Aus *Frankfurt am Main* gebürtig, wo 1848 die sogenannte Nationalversammlung tagte und jetzt neuerdings wieder der Schützenfest-Unfug getrieben worden, konnte man wohl nichts anderes von ihm erwarten. Denn das Sprichwort lautet: „Sage mir, wo du geboren bist, und ich werde dir sagen, ob du ein *Mußpreuße* bist." Also warf er sich von Jugend an auf nichts Bestimmtes, sondern legte sich vielmehr auf alles, machte sich über die heiligsten Dinge lustig und bekannte sich zum Griechentum, weil ihm dieses gestattete, außer der Ehe zu leben. Nie schrieb er etwas selbst, sondern ließ sich alles von einem gewissen *Eckermann* mitteilen, den er durch Schmeicheleien an sich gelockt hatte, wofür sich jedoch dieser später rächte, indem er jedes unbesonnene Wort, das Göthe im Leichtsinn hingeworfen, der großen Menge gegen ein gleiches Honorar preisgab. Göthe starb mit den Worten: „Mehr Licht!", welche Redensart seitdem wie ungefähr das: „Schafft Euch eine bessere Kreisordnung!" Stichwort bei seinen Leuten geworden ist.

Endlich: der desertierte Militärsträfling und Chirurgus dritter Klasse Friedrich Schiller, den die französische Guillotinen-Revolution zu ihrem Ehrenbürger gemacht hat und der einmal selbst, in einem Anfall von Ehrlichkeit, zugesteht, daß er, wie unser allverehrter Herr Ministerpräsident es so schön bezeichnete, *seinen Beruf verfehlt hat.* „Resignation" nennt es Herr Schiller. In seinen übrigen Gedichten predigt er, wie die beiden Vorgenannten, ebenfalls den Umsturz, singt „Punschlieder" oder beschäftigt sich mit seiner „Laura am Klavier". Seine elendesten Machwerke aber sind: „Der Gang nach dem Eisenhammer" und „Ritter Toggenburg", wo er in der jetzt beliebten schamlosen Weise die *Feudal-Partei* angreift. Den Ritter Toggenburg verdächtigt er nämlich des sträflichsten Müßiggangs, indem er ihn den ganzen Tag weiter nichts tun läßt, als nach dem Fenster sehen, wo seine Geliebte sitzt, und was Verleumdungen der Art mehr sind. Im „Gang nach dem Eisenhammer" aber spielen eine *Gräfin* und ein *Jäger* die Hauptrollen, und könnt ihr euch wohl denken, lieben Landsleute, was da für Dinge zur Sprache kommen!

Und das sind nun die drei sauberen Herren Literaten, welche die sogenannte Fortschrittspartei gern auf die Treppenwangen des Schauspielhauses oder gar hinter besondere Gitter setzen möchte.

(1862)

Ein soeben entlassener Sträfling, direkt vom Zuchthause kommend, empfiehlt sich den geehrten Familien in den Abendstunden zur Erzählung der jetzt so beliebten Kriminalgeschichten und Räubernovellen. Auch würde derselbe das Feuilleton einer Gerichtszeitung übernehmen.

Eine Frau in den besten Jahren, die nie etwas Gutes von jemandem gesprochen, wünscht bei einem Theater-Agentur-Blatt noch die Kritik der in fremdem Vertrieb befindlichen Novitäten mit zu übernehmen.

Dem verehrlichen Publico die Nachricht, daß für den Sommer wieder eine neue Luftlinie (die 130ste) eröffnet ist. Die Omnibus fliegen alle Viertelstunden.

Heiratsgesuch. Ein junger Mann, aus einer früheren Herzogsfamilie, der in den Sommermonaten am Goldfischteich zu übernächtigen pflegt, sucht eine Lebensgefährtin. Auch würde derselbe nicht abgeneigt sein, sich noch bei einem Viertellose der Preußischen Klassenlotterie zu beteiligen.

Ein Commis, der bereits in großen Modewarengeschäften serviert hat, sein eigenes Palais und Equipage besitzt, auch seine Batisthemden täglich dreimal wechselt, würde sich zur Annahme einer Stelle in einem großen Magazin gegen entsprechende Tantieme bereitfinden lassen.

Junge Damen, die im Stillen von der Verleumdung der Wassersucht befreit sein wollen, finden liebevolle Aufnahme.

Ein alter Geheimrat, der keine Arbeit scheut, auch mit Pferden Bescheid weiß, wünscht eine Stelle als Badediener.

Geldverkehr. Ein Offizier, der sich in der peinlichsten Geldverlegenheit befindet, sucht einen christlichen Bankier, welcher seine drückende Lage durch ungesetzliche Manipulationen auszubeuten verstände. Strenge Diskretion kann um so mehr zugesichert werden, als eine längere Reise ins Ausland beabsichtigt wird.

Die Kopfschur der städtischen Findelhäuser soll an Meistbietende versteigert werden. Die Haare sind pomadenfrei und zur Sofapolsterung geeignet.

Ein Dienstmädchen wäre nicht abgeneigt, sich einige Stunden in der Woche mit Hausarbeit zu beschäftigen. Herrschaften, die eine Kaution von 12 bis 1800 Talern stellen können, wollen sich melden.

Dem leidenden Publico die Anzeige, daß wir wieder eine große Sendung frischer gesunder Luft erhielten.

Heyl & Comp.

(1863)

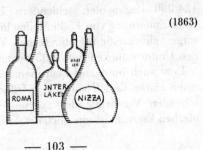

Illustriertes Intelligenzblatt
der Zukunft

Berlin, 24. Mai 1970

Der Zufall wehte uns heut durch die Sonnenluftbahn ein Berliner Zeitungsblatt aus dem Jahre 1869 zu. Selbst in diesem dunklen Zeitalter wußten die Menschen schon, daß es unmöglich sei, lange gegen den Strom zu schwimmen. Viele Entdeckungen und Erfindungen sind seit jenen Tagen ins Leben getreten; noch immer aber ist es nicht gelungen, die Brust des Menschen von *Eisen* zu machen. Selbst die Versuche mit der *eisernen Stirn* sind gescheitert. Unterwerfen wir uns daher der öffentlichen Meinung und dem milden Szepter *Mammon des Ersten.* Se. Hoheit lieben bekanntlich, sich täglich in ihrem Cabinet einige Stunden einzuschließen und sich mit dem Putzen unsauber gewordener Goldstücke zu beschäftigen — eine Passion, die den Untertanen gewiß weniger Schmerzen macht als die Kriegsleidenschaft früherer Herrscher, welche jetzt unmöglich geworden. Unsere Kriegsmaschinen vernichten in einer Sekunde 124.000 Regimenter, schleudern 73 Festungen in einer Entfernung von 1536 Meilen in die Luft und besorgen gleichzeitig die stündlichen Veränderungen in den Uniformstücken mit 5093 Schneiderkraft.

Lebt auch unter uns heut niemand mehr, der sich einen klaren Begriff von der in früheren Zeiten herrschenden Verehrung der *„persönlichen Tapferkeit"* machen kann, so ist uns doch die Armee wegen der an den Markttagen auf den verkehrsreichsten Straßen und Plätzen der Stadt stattfindenden Paraden unerläßlich; und wir fühlen uns aufgefordert, den Ausbau des noch immer auf der Potsdamer Straße gelegenen, jetzt nur noch einen Zoll über den Straßendamm hervorragenden Hauses, genannt „der Eisbock", zu einem neuen Kadettenhause zu befürworten.

Das höchste Ziel, das ein Mensch im Jahre 1869 erreichen konnte, war ein *Stückchen Band* von dieser Größe.

Wie sehr sind wir seit jener Zeit fortgeschritten, und wie vernünftig ist unser heutiges *Dekorations*-Gesetz, das jedem gestattet, sein ganzes Vermögen in eine *Banknote* couvertiert, als Auszeichnung auf der Brust zu tragen! Allerdings ist die menschliche Eitelkeit unvergänglich. Wir sahen z. B. noch gestern einen jungen Referendarius mit einem *polnischen Achtgroschenstück* im Knopfloch und einen früheren Regierungspräsidenten, der sich einen bleiernen Ring durch beide Nasenlöcher gezogen hatte. Welche menschliche

Einrichtung aber wäre wohl jemals ganz frei von Irrtümern, Schwächen und Fehlern geblieben? Schweigen wir daher von den Mängeln unserer Gegenwart, und freuen wir uns lieber der Macht und Ausbreitung, die unsere Hauptstadt *Berlin* gewonnen, indes *Paris* und *London,* einst große und berühmte Städte, zu unbedeutenden Kirchflecken und Meiereien herabgesunken sind.

Und was geschieht nicht heut für unsern Komfort, für unsere Bequemlichkeit!

Wenn wir bedenken, daß im Jahre 1869 der Berliner *Tiergarten* nur mit zwei Quart Wasser täglich gesprengt wurde und die einzige Erholung des Staatsbürgers von der wöchentlichen Arbeits- und Steuerlast darin bestand, 1174½ Pfund Staub im Freien gratis zu schlucken, und wir dagegen die Tätigkeit unserer heutigen *Wasserwerke* von Neu-Cöln (Eau de Cologne nouvelle) betrachten — wie frisch, frei, fromm und frühlingsmutig können wir uns fühlen!

Wie erstaunen wir ferner, wenn wir vernehmen, daß es im Jahre 1869 noch Öfen, Kamine und Küchenherde in Berlin gab, indes wir jetzt nur den *Feuerhahn* an der Wand zu drehen brauchen, um von der *Neapolitanisch-Sizilianischen Vesuv-Ätna-Feuerspei-Krater-Ausbruch-Aktien-Gesellschaft* aus den durch ganz Europa unterirdisch gelegten galvanisch-voltaischen Säulenröhren unsern Bedarf an Hitze, Kochfeuer und warmen Fußbädern für ein Geringes entnehmen zu können! Allerdings stehen augenblicklich *Ätna-Vesuv-Prioritäten* nur 175¼ Brief, weil sie lange nicht gespien haben. Aber ist es dessenungeachtet nicht noch immer eine große Wohltat, wenn man für fünf Silbergroschen jährlich jeden Augenblick des Tages Eier an der Wand hart oder weich kochen kann?

Im Jahre 1869 gab es noch Droschken und Omnibuswagen in Berlin, und für einen Platz in einem Omnibus mußte man auf einer Strecke von einer leidlichen Meile noch den enormen Preis von $1\frac{1}{2}$ Silbergroschen pro Person bezahlen. Heut zahlt man ein für allemal im jährlichen Abonnement drei Pfennige und wird dafür jederzeit durch Luftdruck vom Schlesischen bis zum Potsdamer Tor gestoßen.

Im Jahre 1869 kaufte und rauchte noch der einzelne seine Zigarren, je nach seinen Vermögensumständen, die ihm den Preis auferlegten. Heut treten wir ohne Unterschied an die

Bernsteinspitzen-Littfaßsäulen,

fangen an zu saugen und ziehen den exquisitesten Tabakduft aus den durch unterirdische Röhrenleitungen gehenden Saugschläuchen, welche in den großen *Havanna-Kessel* münden, der sich auf der Insel Kuba, $47\frac{1}{2}$ Quadrat-Meilen im Umfange, befindet und täglich mit echten Kuba-Blättern gestopft und mit Risenfidibussen für die alte und neue Welt in Brand gesetzt wird.

Also freuen wir uns der Gegenwart, und sprechen wir nicht mehr von den *„guten alten Zeiten"*.

(1863)

Die Handfibel,
der letzte Hort und Herd des Aufruhrs in Europa

Offiziöser Beitrag
zu dem schätzbaren Material für den schamlosen
Mißbrauch der Freiheit der Presse

Die Revolution in Europa ist niedergeworfen. Der
kontinentale Parlamentarismus liegt im Verenden.
Zucht und Sitte kehren sich wieder der verwilderten
Menschheit zu.

Aber noch bebt Europa, noch zittert die Welt. Noch
besteht der letzte Hort und Herd der europäischen Revolution. Es ist die

Hand-Fibel
enthaltend:
Elementar-Übungen,
poetische und prosaische Lesestücke.

Ausgabe B.
für den Schreib-Lese-Unterricht
bearbeitet von Carl Bormann
Königl. Provinzial-Schulrat in Berlin
Sechste Auflage
Preis 4 Sgr.

Berlin 1864
L. Oemigke's Verlag (Fr. Appelius)

Schlagen wir das verderbliche Werk auf, und betrachten wir zunächst seine Illustrationen.

In einem Viereck von dieser Größe erblicken wir die Waageschale der Gerechtigkeit auf einem ganz unaussprechlichem Gefäße.

Ach! — höre ich die heiser gesprochenen Stimmen unserer Fortschrittsmänner krächzen — ein ganz unschuldiges Bildlein, den Kindern in den Worten

Waageschale, Gewicht, Gefäß

den Buchstaben G geläufig machen.

Oh, ihr Herren Biedermänner und Konsorten! Wir kennen eure Künste und wissen, was unseres Amtes ist: offen und ohne Menschenscheu eure Klischees zu denunzieren!

Das Bild der Gerechtigkeit *auf dem Eimer* ist die frechste Kritik, die nichtsnutzigste Versinnbildlichung einer Justiz, die — eben auf dem Eimer geraten ist.

Gehen wir weiter — ein Wunsch, der unserem konservativen Gewissen schwer genug fällt.

Eine Kirche mit Störchen

Nun, Ihr Herren Fortschrittler, ist das vielleicht wieder nur des **Ch** wegen in Kirche und Storch? Oder ist dies nicht das unzweideutigste Konterfei des Treibens der katholischen Geistlichkeit?

Ah, Ihr schüttelt den Kopf, Ihr lacht sogar? Oh, wir kennen dieses teuflische Lachen, das einst 1791 die nackte Göttin der Vernunft durch die Straßen von Paris begleitete!

Gehen wir aber weiter, obgleich dies unserem konservativen Gewissen usw. usw. —

Ein Jäger und eine Lilie — sagt Ihr.

Ein alter Militär und eine nette Pflanze — sagen wir! Hängt dies Bild in der Kunstausstellung auf, und niemand wird bezweifeln, daß es die Begegnung Marforis mit Isabellen ist.

Doch gehen wir weiter, obwohl usw. usw.

Schlagen wir Seite 15 auf, und analysieren wir die giftigen Substanzen, die unter der einfachen Aufschrift

Grossbuchstaben

verborgen sind. Hier finden wir wörtlich:

A, Adam, Adel, Amen.

Welche vernichtende Kritik aller Standesvorurteile! „Wir stammen alle von Adam, sind daher alle von Adel, und damit — Amen!"

G, Gnade, Glaube, Gulden, Gurke.

Wir würden uns nur selbst mitschuldig machen, wollten wir eine nähere Erklärung über den hier festgestellten Wert gewisser Gunstbezeugungen geben.

H, Haut, Hut, Herzog, Haufen.

Das sind bereits ganz bestimmte Aufforderungen zur Tat, die auf Seite 20 und 21 fortgesetzt werden unter dem Titel:

Pieke, puffe, punke, peinige,
knuffe, kniffe, keile,
fege, faule, feige, Feste,
lache, mache, Rache!
Hasche, masche!
Mische, husche!

Wir hören unter diesen Klängen den Tritt der nahenden Volksbataillone und das „Zu spät! Zu spät!" der Leipziger Zeitung.

„In Polen brummt der wilde Bär", heißt es Seite 51 mit offenbarer Beziehung auf das geschichtliche Verbrechen der Teilung Polens, und Seite 71 bespöttelt in frecher Weise die nutzlosen Bemühungen edler Patrioten „um einen Vogel ins Knopfloch", wie der Pöbel sich ausdrückt:

„O sagt, ihr lieben Vögelein,
Wer ist's, der euch erhält?"

Wer andern Leuten auch etwas zukommen läßt! — schleudern wir dem Pamphletisten als Antwort zurück. Seite 73 wird endlich unter

Die Wahrnehmungen des Kindes

die Zeichensprache als das einzige Mittel der Verständigung aller Nationen gelehrt:

⦂ Zwei Punkte, der eine *unter* dem andern,
Zeichen für Volk unter einem Tyrannen.

•• Zwei Punkte *nebeneinander*,
Zeichen der Gleichberechtigung aller Menschen.

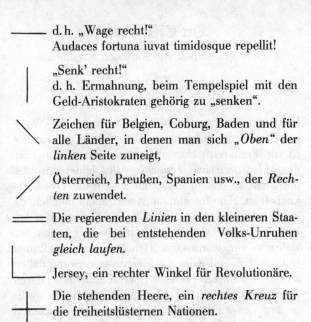

—— d. h. „Wage recht!"
Audaces fortuna iuvat timidosque repellit!

„Senk' recht!"
d. h. Ermahnung, beim Tempelspiel mit den Geld-Aristokraten gehörig zu „senken".

Zeichen für Belgien, Coburg, Baden und für alle Länder, in denen man sich *„Oben"* der *linken* Seite zuneigt,

Österreich, Preußen, Spanien usw., der *Rechten* zuwendet.

Die regierenden *Linien* in den kleineren Staaten, die bei entstehenden Volks-Unruhen *gleich laufen.*

Jersey, ein rechter Winkel für Revolutionäre.

Die stehenden Heere, ein *rechtes Kreuz* für die freiheitslüsternen Nationen.

Doch genug — oder vielleicht schon zu viel! Was bevorsteht, wenn sich Franzosen, Spanier, Engländer, Ungarn, Italiener, Polen, Böhmen, Russen, Griechen, Türken und Deutsche verständigen können, brauchen wir wohl nicht näher auszuführen. Eine Weltsprache macht die Menschheit zu *einer* Familie, und dann — wehe den einzelnen Vätern, Müttern, Onkeln, Tanten, Cousins und Cousinen! Möge darum der alte *Retter der Gesellschaft* noch einmal seine Gichtstiefel weit von sich werfen und die ihm geweihte Lanze Karls des Großen ergreifen, um sein Werk zu vollenden!

Die offiziöse Abteilung des *Kladderadatsch*

Der Cäsarismus

Osterferienarbeit von Karlchen Mießnick

Liest man heut eine Zeitung, so ist das zweite Wort der Cäsarismus, indem er an allem Schuld sein soll. Er ist von Frankreich eingeschleppt worden, wodurch er die Militärherrschaft erzeugte. Alles leidet darunter und steht auf einem Pulverfaß, indem die Presse geknebelt ist. Eine Revolution ist auch nicht möglich, da die Straßen so gebaut sind, daß eine Kanone alles bestreichen kann. Deshalb ziehen ihn auch viele dem Sozialismus vor, worin keine Hypothek mehr gekündigt werden darf und jeder die Staatsbürgerzeitung halten muß. Gewöhnlich entsteht der Cäsarismus durch einen Bankier, welcher das Geld dazu hergibt, wofür er ihm verspricht, später den künstlichen Wohlstand durch Pferde-Eisenbahnen und Börsenspiel zu beschützen, was jedoch gerade oft ein Nagel zu seinem Sarge wird, indem die lateinische Rasse sich ausgelebt haben soll. Ist er nun durch Champagner aus der Urne als Erwählter des Volkes hervorgegangen, so beginnt der sogenannte zweite Dezember, welcher jedoch kein Datum, sondern ein Verbrechen ist. Wird er dabei nicht auf frischer Tat ertappt, so legt er oft auf achtzehn Jahre an, ohne daß die Gegenpartei einen Stich macht, was sehr langweilig ist, da unter dem Cäsarismus niemand selbständig denken darf, sondern Cäsar für alle denkt, wodurch auf Einen wenig kommt. Da er jedoch vorher Stein und Bein geschworen hat, niemals nach dem Purpur zu greifen, so greift er jetzt — Jeden, der ihn daran erinnert, wodurch Mancher, welcher behauptet, daß zweimal zwei vier ist und Eide gehalten werden müssen, gleich als unpraktischer Idealist verschrien wird. Die Gedächtnisschwäche des Cäsarismus nimmt immer mehr zu. Er weiß oft des Morgens nicht, was er den Tag über zu besorgen hat, indem er nämlich jeden Tag zu besorgen hat — alle zu werden. Er spricht daher selten, lügt aber immer, indem er nie sagt, was er tut, und nie tut, was er sagt. Hierdurch wird der Glaube erschüttert, und niemand macht sich ein Gewissen daraus. Alles wird *Demi-monde* und geht zu Theresa, welche Italien bis zur Adria befreit und das Papsttum wieder einsetzt.

Wird der Cäsarismus alt, so nennt man ihn Vater Louis, und alles steht auf seinen zwei Augen. Er wird am hellerlichten Tage fromm, küßt den Pantoffel — seiner Frau, krönt das Gebäude, verbessert das Schießgewehr, fühlt wie du den Schmerz — in Mexiko, schnuppert über die Grenzen, rasselt mit dem Säbel, hält Revuen ab, reitet, um sich beliebt zu machen, mit Frau und Kind zur Parade, und nimmt allenfalls auch noch eine alte Tante zu Pferde mit, wenn es Effekt macht. Alles dieses will aber nicht mehr ziehen, indem Mehrere herausbekommen haben, daß der Cäsarismus an keine moralische Kraft in der Weltgeschichte glaubt, wodurch die Börse flau wird und alles mehr Brief als Geld ist. Das macht ihn noch mehr bestürzt; er wird zerstreut, verliert das Rezept, wodurch er zur Regierung gelangt ist, und will, wenn die Schlachttrompeten ertönen, nicht mehr zum blutigen Tanze, sondern läßt ruhig Polen einverleiben, mischt sich nicht in die Nordschleswig'sche Frage, läßt seinen Sohn wallfahrten und seine Frau Gelübde leisten, indem kein Fehler mehr gemacht werden darf. So wird der Cäsarismus nicht erblich, sondern kindisch und stirbt höchstens als Onkel auf einem fremden Felsen im Meer.

(1868)

Sentenzen und Aphorismen

Es gibt viele Schriftsteller, die nur schreiben können, wenn sie rauchen. Manche können überhaupt nur das letztere.

Man bedauert, daß das Genie oft käuflich sei. Heut ist es um keinen Preis zu haben.

Man kann von den meisten Dichtern unserer Zeit sagen: Ihr Geist ist schwach, aber ihr Sitzfleisch ist willig.

Der Mensch liebt nur einmal — ein und dasselbe Frauenzimmer.

Begleite Deine Freunde bis zur Treppe, um Dich zu überzeugen, daß sie auch wirklich gehen.

Stehende Heere und laufende Schulden sind immer noch nicht so schlimm als stehende Schulden und laufende Heere.

Je schlechter die Regierungen Schullehrer und Lokomotivführer bezahlen, desto gefährlicher fahren sie.

In der Jugend hat man zu viel Herz, im Alter zu viel Verstand, zu viel Geld hat man aber niemals.

Alles, was Preußen geworden, ist es durch den Säbel geworden, und alles, was Preußen noch nicht geworden, ist es auch durch den Säbel nicht geworden.

Die Trennung der Justiz von der Administration beweist, daß die Verwaltung mit der Gerechtigkeit nichts zu tun haben will.

Schlechte Zigarren gehen oft aus. Gute noch öfter.

Der Mensch ist schließlich mit allem zufrieden, aber nicht mit wenigem.

Der Regen durchnäßt die Kleider von außen, die Sonne von innen.

Gib nie zu spät und danke nie zu früh.

Aus Leokadiens Tagebuch

Daß doch die Menschen von dem Nächsten immer das Schlechteste denken!

Welch ein sonderbarer Monat ist doch der April! Bald regnet es, bald scheint wieder die Sonne.

Handle stets so, daß man dir selbst bei festen Preisen etwas herunterläßt!

Neulich erzählte Dorn, daß Kegelschieben eine gesunde Bewegung sein soll. Was werden die Menschen noch alles entdecken?

Ich kann keinen Backfisch essen. Und doch heißt es, daß unglückliche Liebe sich selbst verzehrt!

(1868)

Widmung an Schultze

Dieses Album weih ich Dir!
Freut Dich dieses, Schultze?
Später leih ich Geld von Dir —
„Utile cum dulce!"
Müller

Szepter und Rosenstengel

Ein Roman in Briefen

Eugenie an Isabella

Liebe Isa!
Louis ist außer sich! Du weißt, daß er mit Deinen
Truppen Rom besetzen und dadurch Italiens Neutrali-
tät erzwingen wollte, um sich ungestört auf Deutschland werfen zu können; und nun scheint alles wieder
in Frage gestellt zu sein. Du kannst Dir denken, was
ich den Tag über von ihm hören muß, und in welchen
beleidigenden Ausdrücken er von uns spanischen
Frauen spricht. Ich beschwöre Dich daher, entlasse
Deinen Pompadour, Deinen *Marfori*! Lebe einige Wochen ohne ihn — dann ist ja alles wieder gut. Bedenke
doch nur, daß Deine frommen Untertanen nicht nur
auf Dich als Landesmutter zählen, sondern *auch die
Günstlinge* zählen, die Du bis jetzt unterhalten hast.
Also laß ihn gehen und unterdrücke nicht länger ge-
waltsam den Unmut der beleidigten Sittlichkeit.

Deine Eugenie

Isabella an Eugenie

Liebe Eugenie!
Ich erhalte soeben Dein Briefchen, das Unmögliches
von mir verlangt. Du kennst meinen *Marfori* nicht,
sonst würdest Du begreifen usw. Es ist ein zu himmlischer Junge! Über den Schluß Deiner Zeilen habe ich

herzlich lachen müssen. Geniechen! Geniechen! Hast Du denn ganz gewisse Kastagnetten-Abende vergessen, und in welchem Kostüme gewisse Damen den Fandango und Bolero tanzten?

Deine Isabella

Eugenie an Isabella

Meine Beste!
Louis schäumt! Louis rast! Louis berstet! Ich wage nicht Dir mitzuteilen, was er über Dein Verhältnis zu Marfori, über die Behandlung Deines Gemahls, des guten Königs Don Francisco, und über die geweihte *Rose* geäußert, welche Du vom Heiligen Vater als den höchsten irdischen Lohn christlicher Tugendboldigkeit und weiblicher Sittenreinheit erhalten. Du ruinierst nicht nur Spanien, meint ER, sondern auch *Frankreich, Italien,* den *Papst,* das *Christentum* und *unsern lieben Lulu.* Also noch einmal, laß Marfori los!

Deine Eugenie

PS: Was machen Deine neun Kinder?

Isabella an Eugenie

Geliebte Eugenie!
Dein Louis raucht zu viel! Aber deshalb laß ich mir keinen Dampf von ihm antun und werde mich mit meinem Marfori amüsieren, so lang es mir gefällt, obgleich er, wie Du weißt, kein Wort Spanisch spricht. Er ist ein roher, ungebildeter Deutscher — aber ein himmlischer Mann. Meine neun Kinder sind in Ma-

drid. Dein kleiner Lulu ist mir ziemlich gleichgültig, und wenn die spanische Revolution das Christentum bedroht, so muß eben der Papst ein Wunder tun; dafür ist er ja Heiliger Vater!

Deine Isabella

Antonelli an Bakunin

Sie haben sehr unvorsichtig gehandelt, verehrter Herr und Freund, unsern gemeinsamen Plan öffentlich zu verraten — um so unvorsichtiger, als wir dem Ziele so nahe sind und meine Saat reift. Erinnern Sie sich noch, was ich Ihnen schrieb, als es mir gelungen war, das höchste Symbolum der christlichen Tugend, die goldene Blume aus dem geweihten Rosenkranz, an *Isabella* von Spanien schicken zu dürfen? Und ist es nun nicht in Erfüllung gegangen? Eine Königin, eine Frau von beinahe vierzig Jahren, *Mutter von neun Kindern*, läßt vor den Augen Europas lieber Thron, Staat, Volk, Regierung, Krone und Szepter in Stich, als ihren — Intendanten! Und wenn die Welt erst erfahren wird, wer dieser Marfori ist!

Unvermeidlich Ihr Antonelli

Marfori an die Gräfin Hatzfeld

Gnädigste Gräfin!
Eenmal und nie wieder! Mit so 'ne Missionen verschonen Se mir! Und wenn ich zehnmal das Bewußtsein habe, die europäische *Sozial-Revolution* mit 'rufbeschworen zu haben, ich spiele nich mehr mit! Ersch-

tens als richtiger Berliner Arbeiter hier den spanischen Don Juan zu spielen und sich in eine bejahrte Kronenträgerin, die den janzen Tag Rosenkränze dreht, verliebt stellen zu müssen. Zweitens verhaßter Günstling sein bei so 'ne hitzige Nation, die an Seitenstechen mit Dolche leidet. Drittens der Sprache nich mal mächtig und allens durch Pantomimen, und viertens immer auf der Flucht und nächstens vielleicht mit die Olle im Freien bei Mutter Grün an die Pyrenäen! Ich danke, es jeht! Ich sehne mir ernstlich nach Hause und hoffe baldigst Pech jeben zu können.

Ihr ergebenster Patzenhauer, jenannt Marfori

Eugenie an Isabella

Geliebte Freundin!
Ich begreife Deine Situation; denn ich weiß, was es heißt, an einen älteren Herrn verheiratet zu sein. Aber bedenke doch nur, daß die Erziehung der meisten Nationen im übrigen Europa durch nichtsnutzige Schulen und Universitäten noch immer so mangelhaft ist, daß gegen die sogenannte öffentliche Meinung selbst Heiligsprechungen keinen Schutz gewähren. Begnüge Dich also wenigstens für einige Wochen und besprich Dich mit Deinem Beichtvater.

„Böse Beispiele verderben gute Sitten", meint — *Louis*; und wenn die Franzosen erst sehen, daß die Spanier so kurzen Prozeß mit ihrer Regierung machen können, so dürften auch wir bald den kürzeren ziehen! Also nimm Vernunft an, Bellchen!

Deine Eugenie

Isabella an Eugenie

Teure Freundin!
Alles ist verloren, nur *mein Schatz* nicht, sowohl *der*,
der in der Londoner Bank ruht, als auch *der*, welcher
neben mir — ruhig blieb. Glücklicherweise hat mein
Marfori, der übrigens *Patzenhauer* heißt, einen stillen
Ort gefunden, der schon einmal einer Landsmännin
von uns nach verschiedenen Lebenssprüngen zur Er-
holungspause gedient hat: *Hackenfelde* bei Spandau,
Regierungsbezirk Potsdam, wohin sich unsere gemein-
schaftliche Vaterlandsgenossin *Pepita*, eloligen und
madrilenigen Angedenkens, einst zurückzog. Du er-
hältst von Spandau bald Näheres von mir, auch *Bret-
zeln.*

Deine Isabella

(1868)

Rothschild und Rossini

„Also auf Wiedersehen zum Karneval!" sagten sie beide, mir die Hand schüttelnd, als ich im August bei Vefour mit ihnen diniert hatte. Ach, wer hätte gedacht, daß es das letzte Mal sein würde!

Sooft ich in Paris war, aß ich mit Rothschild und Rossini zusammen. Nie schlugen sie meine Einladung aus; und es war rührend zu sehen, wie pünktlich sich die alten Herren im Palais Royal zur festgesetzten Stunde einfanden. Besonders heiter aber war unser letztes Diner; und ich werde nie vergessen, wie sich dabei der berühmte Komponist und der große Bankier in heiteren Einfällen überboten.

„Wie hieß doch dein letztes Werk?" fragte ich Rossini nach der Suppe.

„,Wilhelm Tell', 1829", sagte der bescheidene Künstler.

„Also 40 Jahre nichts losgelassen?" bemerkte ich. „Welche Selbstverleugnung!"

„Nun, nun", meinte Rothschild, „daß er 40 Jahre geschwiegen hat, hat mehr Lärm gemacht, als alle seine früheren Opern zusammen."

„Nicht übel für einen Milliardeur", meinte Rossini.

„Und warum ist deine Todesfurcht so groß, Gioachino?" fragte ich weiter, da Rossini bekanntlich jede Erinnerung an das Lebensende zu vermeiden suchte.

„Den Tod selbst fürchte ich nicht", sagte der Schöpfer des „Otello", „aber wohl die Biographen nach demselben. Kaum hat man seine Augen geschlossen, so kommen die journalistischen Leichenwürmer, ihren Schmaus zu halten. Menschen, die man nie gesehen hat, nie bei sich vorgelassen hätte, gerieren sich als unsere intimsten Freunde und erzählen von uns die haarsträubendsten Anekdoten, da wir nicht mehr imstande sind, sie zu desavouieren. Apropos, James", fuhr Rossini, sich zu Rothschild wendend, fort, „weißt du schon den Unterschied zwischen dir und dem Heiligen Vater? — Der Heilige Vater ist der Beherrscher aller Gläubigen, und du bist der Gläubiger aller Beherrscher."

Herzliches Gelächter folgte diesem immer wieder neuen Scherz, und ich bestellte Champagner. Als nun der Wein dem alten Rothschild die Zunge zu lösen begann, klopfte ich ihm auf die Schulter und bat ihn, uns nun einmal frei und offen zu erzählen, wie sein Vater eigentlich zu dem vielen Gelde gekommen?

„Durch eine Säbelscheide!" erzählte Rothschild. „Ihr erinnert euch der Invasion der französischen Truppen in Frankfurt im Jahre 1793. Überall wurde geplündert, nur mein Vater behielt sein Vermögen und kaufte damit alle geraubten Edelsteine."

„Und die Säbelscheide?" fragte Rossini.

„In der Säbelscheide hielt eben mein Vater sein ganzes Geld verborgen. Kam nun ein Plünderer und verlangte etwas, so griff mein Papa natürlich nach dem Säbel, und der feige Räuber entfloh."

Herzliches Gelächter erfolgte, und ich bestellte eine neue Bouteille Sekt.

Das Gespräch kam nun auf Rossinis bekannte Furcht vor den Eisenbahnen.

„Ich bin niemals per Dampf gefahren", sagte der Schöpfer des „Barbiers", „immer in meinem Reisewagen, und doch ist mir auch da einmal das Rad gebrochen!"

„Und was machtest du?" fragten wir.

„Ich lief nebenher und schlug das Rad mit Händen und Füßen, bis wir an Ort und Stelle waren."

Herzliches Gelächter erfolgte, und ich ließ die dritte Flasche kaltstellen.

Wie immer in Künstlerkreisen, kamen wir nun auch auf die Verdienste des einzelnen zu sprechen, und Rossini erzählte, daß er zwar mit seinen Opern große Summen erworben, aber auch von den Revolver-Literaten viel zu leiden gehabt hätte.

„Erst heute früh wollte ein junger Mann meine Börse in Anspruch nehmen", erzählte der Schöpfer des „Barbier", „und drohte mir, drucken zu lassen, daß Offenbach nie eine Note selbst geschrieben, sondern daß alle seine Operetten aus *meiner* Feder wären und er mir nur seinen *Namen* geliehen hätte!"

„Und wieviel gabst du ihm?" fragte ich.

„Zwei Fußtritte und noch einen Stoß an der Treppe", versetzte der Schöpfer des „Moses", der sich bekanntlich noch im späten Alter einer kräftigen Muskulatur erfreute.

Jetzt schlug es 8 Uhr vom Notre Dame. Rothschild mußte an die Abendbörse, Rossini in die Akademie. Die Trennungsstunde war gekommen.

„Und wen von uns beiden hast du am liebsten?" fragte mich noch beim Weggehen der Schöpfer der „Diebischen Elster". Es war die höchste Zeit, daß auch ich noch vor Schluß des Abends etwas Bedeutendes sagte.

„Dich, mein lieber Komponist der ,Semiramis'", sprach ich daher, „habe ich gern, aber Rothschild möchte ich besitzen."

Herzliches Gelächter erfolgte.

„Ihr seid beide Meister", fuhr ich fort, „du im Ton der Reichen, und du im Reiche der Töne!"

Herzliches Gelächter erfolgte.

„Nur noch eins", rief jetzt Rothschild, zum Abschied mahnend, „wenn Rossini und ich jetzt vom Pont neuf in die Seine fielen, und du könntest nur *einen* von uns beiden retten, was würdest du tun?"

„Ich würde annehmen, daß ein Rothschild nie untergehen kann!" sagte ich.

Herzliches Gelächter erfolgte, und wir trennten uns. Ich sollte sie beide nie wiedersehen!

(1868)

Makart's sieben Todsünden

oder „Die Pest in Florenz"

in Sachse's Kunstsalon

Der Enthusiast: Großartig! Unvergleichlich! Genial!

Der Flaumacher: Höchst anstößig! Widerwärtig! Ekelhaft!

Der Künstler: Wunderbares Kolorit!

Der Dilettant: Große Verirrung!

Verständiger Kunstkritiker: Wahl des Stoffes gewagt, aber höchst bedeutendes Bild!

Philosophischer Ästhetiker: Welch ein Zeitalter! Physisch und moralisch verderbt, fehlt ihm für die Erfassung des wahrhaft Schönen die Kraft, und sucht in der Kunst nur noch das Pikante der frivolen Korruption zu genießen!

Musiker: Ein Offenbach in Öl!

Berliner: Herrjö! Die Schloßbrücke in Joldrahmen!

Cameliendame: Sie entschuldigen, mein Herr, was stellt das Bild eigentlich vor?

Der Provinziale: Ich weiß nicht — ich glaube — die sieben Todsünden. —

Kokotte: Ich denke, es sind nur sechseinhalb. —

Alte Dame: Höchst obszön! Unerhörter Skandal, dergleichen öffentlich auszustellen.

Gräfin Pompadour: Ach, meine Gnädige, auch Sie wieder hier? Treffen uns heut schon zum dritten Male vor dem Bilde!

Major a. D.: Hahahaha! Ding ist jut! Bellehelenenkaffee mit Schlagsahne! Famös!

Junger Lieutenant: Sehen Sie doch, Herr Major, die blonde Chorpflanze da in der Mitte!

Major: Die ins Wasser geht — mit dem Montblanc?

Commerzienrätin: Fi donc! Wie ordinär! Das ist ja das reine Ragout fin sans coquille!

Leinwandhändler: Hier wär 'n Geschäft zu machen — hier fehlt's an Hemden!

Praktischer Arzt: Leichtsinnige Gesellschaft! Werden sich alle den Schnupfen holen!

Knote: Na so 'n Opernhausball, den laß ich mir jefallen.

Universitätsprofessor: Beatitudo non est praemium virtutis, sed virtus ipsa.

Naive Jungfrau: Ach, sieh mal, Klärchen, das ist gewiß das neue „Asyl für Obdachlose"!

Anatom: Solche Körperformen gibt es nicht!

Historiker: Sollte nicht August der Starke —?

Berlinerin: Ach herrje, das soll wohl der Stralauer Fischzug sind. Na, det is 'n schöner Kartoffelsalat, der sieht ja so blau aus, als ob ihn der Schlag gerührt hätte!

Lebemann: Das glaub' ich! Hier hängt der Himmel voll Geigen.

Chirurgus juratus: Voll Pauken und Trompeten!

Lyriker: Wunderbar! Diese taumelnden Blicke der Liebe, diese atemlose Sinnenlust!

Heldenspieler (sehr laut): Wie sie den Zauberkelch des Augenblicks mit gierigen Zügen leeren — jede Ader füllt sich, jeder Muskel streckt und spannt sich!

Komiker: Ach so — das ist das Ammenbüro in der Schützenstraße!

Abgeordneter: Mir erscheint das Bild wie eine Illustration des Bismarckschen Wortes: „Man soll das Erreichbare nicht über dem Wünschenswerten vernachlässigen!"

Hausbesitzer: In dem florentinischen Palast scheint ooch der Schwamm zu sind. Sehn Sie doch bloß die Nässe!

Fremdenführer: Was sagen Sie zu diesen Urteilen?

Tourist: Unter diesem Himmelsstrich — in diesem kalten, nordischen Sandwinkel — solch' Bild vor trocknen, nüchternen, ungefrühstückten Berlinern!

Schulmeister: Die giftigen Gase, welche sich aus solchen Senkgruben der modernen Kunst entwickeln, können das Contagium der gesellschaftlichen Zersetzung nur fördern, und so ist allerdings der Titel „Die Pest" gerechtfertigt.

Theologe: Das ist kein Bild, das ist ein Verbrechen!

Kriminalist: Jedenfalls bedenklich. Diese Gruppe hier rechts in der matthellen Nische würde ich nach § 149 des Strafgesetzbuchs unbedingt verurteilen.

Betschwester: In meines Landesvaters Zuchthause sind viele Wohnungen!

Student: „Tote Gruppen sind wir, wenn wir hassen, Götter, wenn wir liebend uns umfassen."

Moralphilosoph: Es ist eben die ewig unlösbare Frage, was dem Menschen mehr frommt: Das Vergnügen mit seinen Rosen oder der Schmerz mit seinen Dornen?

Blasphemist: Von dem „Schmerz mit meinen Dornen" befreit mich Marianne Grimmert!

Schwärmer: O über diese Schmeißfliegen des Berliner Witzes, die auf diese frischen duftigen Fleischgebilde ihre Bosheiten absetzen!

Philister: Ich halte das Ganze für unwahrscheinlich.

Ameier (seufzend): Ich komm' mir vor das Bild vor, wie ein hungriger Proletarier, was vor dem Schaufenster bei Borchardt steht!

Gourmand: Ja, lieber Freund, es geht manch' schöner Appetit in der Welt verloren!

Emanzipierte: Phantastisch — aber von gebieterischer Schönheit! Der Tumult der Sinne, geweckt durch die Dünste des Champagners! — Sehen Sie dort hinten, meine Liebe, das purpurrote Lotterbette — wie hoch da die Wogen bereits zusammenschlagen!

Begleiterin: Ja, mir wird auch schon ganz seekrank!

Theaterdirektor: Wenn ich das Bild hätte vor meiner Bühne als lebendes Tableau oder als Drehscheibe mit Couplets, mach' ich hundertverzig volle Häuser!

Schultze: Nun, Herr Zwickauer, was sagen Sie denn?
Zwickauer: Müßüggang üst aller Orphöums Anfang
und das *Parüser Löben üst dör Güter höchstes
nücht*; alleun üch göhe böfrüdügt von dannen und
söhe mür heut Abend die *achte Todsünde* — Catharina Voisün — an!

(1869)

Die Börse

Deutscher Aufsatz von Karlchen Mießnick

Da wir uns diesmal das Thema selbst wählen können, so nehme ich die Börse. Sie wird häufig von jungen Mädchen zu Weihnachten gehäkelt, die Männer dagegen gehen gewöhnlich zwischen 12 bis 1 darauf. Auch ist sie als weibliche Handarbeit schon sehr vom Portemonnaie verdrängt worden. In früheren Zeiten war es der Mut oder der Adel, indes jetzt die Börse die Hauptrolle in der Welt spielt, da Louis Napoleon ein alter Mann geworden ist, was man ihm mit Unrecht zum Vorwurf macht, indem ja das Sprichwort sagt, wer nicht alt werden will, der soll sich jung hängen lassen. Früher war es der selige Rothschild, welcher sagte: Ich will jetzt nicht! da zum Kriege Geld gehört, welches man, wie in der Oper, dreimal wiederholt, Geld, Geld und nochmals Geld! Jetzt ist es nun Stroußberg und die beiden Herzöge von Ujest und Ratibor oder Graf Platen mit dem Vermögen des Königs Georg in Franco-Austria-Aktien und andere Mitglieder des Herrenhauses. Eine verhungernde oder verhungerte Schullehrerwitwe dagegen geht selten an die Börse, indem gewöhnlich nach derselben in einem Hotel Unter den Linden sehr gut diniert wird, was jedoch auch seine Schattenseiten hat, indem zwischen der Suppe und den Austern, wenn man sich gerade auf das erste Glas Champagner freut, zuweilen das blaue Depeschen-Kuvert vom Telegraphen-Büro eintrifft, worin die antipreußische Allianz zwischen Österreich, Frankreich und Italien allein schon den Appetit verdirbt, und die Belgische Frage gar nicht nötig ist, um sich den Hammelrücken freizuhalten, worauf gewöhnlich ein Gegenübersitzender von der bevorstehenden Revolution in Frankreich spricht, so daß man auch den wilden Schweinskopf vorüberläßt, und bloß in der Wut viel Vanilleneis ißt und sich den leeren Magen erkältet, indem man sich im Stillen ärgert: Nun hast du schon so viel verdient, konntest du nicht zum höchsten Kurse abschnappen, wodurch eine Bitterkeit auf der Zunge entsteht, daß man die beste Zigarre immer wieder wegwirft und sich eine neue ansteckt, welche noch bitterer schmeckt.

Nach dem Diner geht die Börse Unter den Linden auf und ab, oder bleibt stehen und versperrt das Trottoir, indem sie immer etwas Neues wissen will und von einer ewigen Unruhe ist, wie schon der selige Hölty in seinem „Alten Landmann" sagt: „Der Teufel treibt ihn hin und her, und läßt ihm keine Ruh", weshalb er dem Billetthändler oft drei bis vier Taler für ein Parkett gibt, so daß kein anderer Mensch reinkann und kein Billett zur Ungar mehr zu haben ist. Sitzt er nun in seiner Prosceniumsloge, so denkt er während dem ganzen „Schach dem König" nur an Lombarden und Tabaks-Obligationen, bis Neumann kommt, wo er laut auflacht, er weiß selbst nicht warum, oder das reizende Kostüm der Ungar ihn wieder ins Leben zurückruft, bis er dann wieder in seine Cosel-Oderberger zurücksinkt. Nach dem Theater will er wieder etwas Neues wissen, ob was angekommen ist, oder auf den Papst geschossen oder sonst was, indem er sich selbst darüber ärgert, daß er keinen Genuß von seinem Gelde hat, und aus Wut dem Kellner einen Taler Trinkgeld schenkt, so daß die anderen Gäste darunter leiden.

Fährt nun die Börse endlich nach Hause, so erkennt mancher Bummler, der früher sein Freund war, die Equipage und ruft durch die Stille der Nacht ermutigt, ein lautes Schimpfwort nach, welches den Schluß des Tages bildet, worauf der Börsenmann auf seinem Nachttisch wieder mehrere Depeschen findet, welche ihm den Schlaf rauben, weshalb Hölty wiederum sagt: „Der schöne Frühling lacht ihm nicht, ihm lacht kein Ährenfeld", sondern nur bar Geld lacht ihm, und auch wieder nicht, da er gleich wieder Unruhe hat, es in etwas anzulegen und Amerikaner schon zu hoch stehen.

(1869)

Die letzte Revolution in Paris

Schreiben des Schneidergesellen Traugott Knöpfchen
in Paris an seine Eltern in Dresden

> Eugenie fuhr ums Abendrot
> Mit Louis'n in der Chaise,
> Sie aß vergnügt ein Butterbrot,
> Belegt mit „Rocheforts" Käse.
>
> Und auf den Boulevards überall
> Da schrie das Volk sich heiser:
> „Wir wollen Ruh' und kein'n Krawall" —
> „Es lebe unser Kaiser!"
>
> Gottfried August Citoyen

Liebe Ältern!

Nachdem die färchterliche Revolution — welche in der
Geschichte wahrscheinlich den Namen die *„Louistage"* erhalten wird — vorüber ist, kann ich Sie endlich meine Hände vom Blute reinwaschen und Sie mitteilen, daß ich noch am Läben bin. Aber schöne war
Sie's, geliebte Ältern! und das muß man den Franzosen laßen, das Rebellionmachen verstehen se. Denn
wenn es einmal bei sie heeßt: *Traugott, laß den Affen
los!* denn herrscht keen Unterschied und alles wird
Barrikadenbauernfänger. So weit kam es Sie nu diesmal allerdings niche, weil die Regierung gleich nach-
gab, welches auf folgende Weise zusammenhing: Wie
wir nämlich in Dräsden zu Hause unsere Vogelwiese
haben, so haben die Pariser von Zeit zu Zeit eine Revolution und eine Restauration, so im Jahre 1793,
1830 und zuletzt 1848. Nu war Sie jetzt, 1869, der

Zeitabschnitt wieder abgelaufen, und Louis Napolijong, ein feines Käppchen, welches seine Leute kennt, sagte sich: Es ist die höchste Zeit! Tu ich's nicht, so tun sie's am Ende selber! Denn es liegt nu einmal im Charakter der Bonapartiden, alles selbst in die Hand zu nehmen; und so besorgte *ER* also diesmal die Empörung eigenhändig, zumal die Wahlen dazu eine so schöne Gelägenheit boten.

Wollen Sie mitmachen? fragte mich ein Mitgeselle in unserm Atelier. Es kost't Sie nischt, es geht alles auf kaiserliche Kosten! Ei Herrchäses ja! sagte ich; aber kann man denn da nicht seinen Kopf auf der Killjotine verlieren, oder nach Cayenne oder Lambessa kommen, wo man zwischen die Giftpilze in die Fiebersümpfe Wolle spinnen muß?

I bewahre, Knöpfchen, sagte der Mitgeselle. Sie kriegen eine weiße Blouse geliefert, zwei Franken in fremdem Gelde, damit es aussieht, als stäke das Ausland dahinter, und nu haben Sie weiter nischt zu tun, als immer „Vive Rochefort!" zu rufen.

So geschah es denn. Wir erhielten alles geliefert, und ich zog nu als „werklicher geheimer Kaiserlich Bonapartischer Revolutionsmacher" auf den Pullewahr. Aber ei Herrchäses! meine kudesten Herren Ältern! wie schlecht ist mir das bekommen!

Der Pariser ist Sie nämlich ein ganz raffiniertes Luderchen, der Sie nicht so leichte auf etwas reinfällt. Er roch gleich Chassepotlunte und sagte: Nee, da spiele ich nicht mit, Louis! Probiere du deine Gewehre doch woanders, aber nich hier vor die Kaffeehäuser, da reisen mir ja die Fremden ab, und das Geschäft geht niche!

Aber nich bloß, daß sich die Bürger nicht beteiligten, ne, o Kohnträr! sie nahmen sogar Stöcke mit Eisenknöppe und hieben auf uns Revolutionäre los und arretierten uns und brachten uns in die Kerkerlöcher. Kotz Strammbach, war Sie das eine nichtswürdige Enttäuschung für Louis'n Bonabarten und seine verährte Gemahlin! Die saßen Sie nämlich zu Hause in ihren Dulljerien und lauerten, und fragten sich kegenseitig: „Hörst du nischt? Schießen se denn nicht? Wenn mer nich wenigstens zweihundert Leichen und Verwundete haben, können mer ja gar keenen Belagerungszustand nich erklären!" Und so setzte sich denn endlich das hohe Paar selbst in den Wagen, um nach dem Rechten zu sehen, und fuhr nach de Revolution. — Ja, Käsekeilchen! es gab keene mehr! „Wir wollen Ruhe und Ordnung!" schrie die Bevölkerung, „sonst reisen uns ja die Fremden ab!"

Da blieb denn nu natürlich der Regierung nischt übrig, als nachzugeben und die Empärung ufzustecken, wobei Nabolljon sich einmal über's andere vor 'n Kopp geschlagen haben soll und gesagt haben: „Warum mußt' ich ooch den verdammten Macadam einführen! Morgen wird mer alles wieder gepflastert!"

Was nun meine Wenigkeit selber betrifft, geliebte Ältern, so haben wir zum Schein mehrere Tage in die Pariser Gasematten verschmachtet, bis wir uns durch die ausländischen Münzen als geheime Regierungsbeamte legitimierten. Ei Herrchäses! is Sie das eene Hitze in die französischen Gefängnisse; und was hab ich da an Sie, geliebte Ältern, und an das „Waldschlößchen" und an den „Felsenkeller" und an alle schöne Orte, wo man einen kühlen Drunk erhält, gedacht! Sowie ich Sie mein Reisegeld zusammenhabe, mache ich wieder nunter nach Deutschland, Deutschland über alles! „In der Heimagd ist es schön!" Oder wie schon unser großer Schiller in Loschwitz schrieb: „An's Vaterland, an's *teure*, schließ dich an!", womit er als Dichter profeetisch den Anschluß an Breißen leider schon kostspielig voraussah, und womit ich bin Eier

geliebter Sohn
Traugott Knöpfchen
Werkl. geh. Kaiserl. Ex-Revolutionär.

(1869)

— 141 —

Zur Theater-Gewerbefreiheit

Schreibebrief des Weißbierlokalbesitzers Bohnekamm
an die Redaktion des „Kladderadatsch"

Die Freundlichkeit, mit der Sie mein Weißbierlokal
früher besucht haben, flößt mich die Hoffnung ein,
keine Fehlbitte bei Ihnen tun zu dürfen, indem es
wirklich so nicht mehr jeht. Von Tag zu Tag wird der
Besuch bei mir geringer; denn am letzten Sonntag hatten wir schon 23, sage mit Worten: dreiundzwanzig
Theater in Berlin, wovon 17 auf die eine Seite Theaterzettel, auf die andere Seite Speisezettel, so daß es
nicht lange dauern wird, und sie werden in die Soda-
Buden Komödie spielen. Und so kommt denn ooch je-
stern abend einer zu mir, bestellt sich eine kleine
Weiße und fragt mich: „Wat jibt es denn?" Ick denke
natürlich, er meint — zu essen, und sage: „Sauerbraten
mit Klöße!" — „Nee", sagt er, „ich meine, was heut
abend bei Ihnen gespielt wird?" — „Schafskopf", sag
ich, „oder Klabbrias und Sechsundsechzig, es kommt
ooch mänchesmal 'n Whisttisch zustande!" — „Un-
sinn!" sagt er, „ich meine ja nicht *gejeut*, ich meine je-
spielt, *jejaukelt*, *gemimt*!" — „Das ist bei mir noch
nicht!" sag ick. „Na denn dank ich!" sagt er, nimmt seinen Hut und verduftet.

Zuerst lachte ich darüber; aber nachher, wie's
einem ja oft beim Theater jeht, ärgerte ich mir, daß ich
jelacht hatte, und konnte die janze Nacht nich schlafen, bis ich meinen Plan fertig hatte, welchen ich mir,
einem sehr jeehrten Herrn Doktor! zu unterbreiten die

Ehre gebe und um Ihre gütige Unterstützung bitte. Indem mir nämlich ebenfalls jetzt nichts übrigbleibt, als in meinem Lokal eine Bühne zu errichten. Suez cuique! sagt der Lateiner.

Nu hör ich Sie allerdings in Jedanken sagen: Mein lieber Herr Direktor Bohnekamm, wie steht es mit der Bildung zum Commissionsrat?

So dürfen Sie aber nich verjessen, daß es heutzutage heißt: Was ich nicht habe, haben andere! indem jetzt jeder Mensch bloß *ein* Jahr dienen will, und bis Secunda jeht, und ein Laufbursche von mir beim Messerputzen seinen Zähsar de Bello Calliko liest, meine Köchin Auguste aber neulich im Kutscherkränzchen vor'm Frankfurter Dhor den Viehkommt von Lettorjöhr verarbeitet hat — propper sag ich Ihnen, objleich es eine Hosenrolle ist!

Also bin ich auf die Idee gekommen, daß ich mir jar keine Schauspieler angaschieren werde, sondern mit meinen Kellnern und Lehrjungen Komödie spielen werde.

Denn erstens, die *juten* Künstler sind nicht zu bezahlen und werden von den Theateragenten immer weggeräubert, und bei die schlechten Pojazküs wirft das Publikum mit Jänseknochen oder Mostrichtöpfe, weil das Material dazu vorhanden ist, wodurch aber die Illusion sehr leidet! Aus diesem Jrunde soll bei mir auch während die Vorstellung nicht jejessen werden — einmal weil ich die Leute auf die Bühne brauche, durch die lauten Bestellungen bei den Kellnern vieles von der Handlung verlorenjeht, und zarte Liebesszenen durch „Kalbsnieren mit Kartoffelsalat" oder „Pökelfleisch mit Erbsen und Sauerkohl" gestört werden.

Was nun mein Repertoir betrifft, so werd' ich mir natürlich mit das Klassische nicht einlassen. Sondern vielmehr wollt' ich hierin, sehr jeehrter Herr Doktor, um Ihren erjebensten Rat bitten, indem ich, unter uns jesagt, jlaube, daß so 'ne Stücke, wie sie heute jeschrieben werden, jeder dumme Junge schreiben kann, und ich daher die Idee habe, mir manches selbst zu machen! Denn was jehört denn eijentlich dazu? Da nehm' ich mir so 'n armen Literaten, setz' ihn hinten auf meine Kegelbahn, da stört ihm keiner nicht, weil es jetzt schon zu kalt für die Jäste wird, futtere ihn mit Hülsenfrüchten, weil die nach Liebig des Jehirn am besten erjänzen sollen, und sage ihm: Nu machen Sie mir mal 'nen Stoff, wo eine in Moabit einjemauert wird, und denn besucht ihr der Pfaffe. Titel: „Die Herrschaft des Mönchs. Schauerspiel mit Benutzung des Jaribaldi". Da rennen ja die Berliner vier Wochen 'nach! Das sieht sich sogar der Hof an! Und nu lassen Sie mir nur erst 'mal *einen* Prinzen drin jehabt haben, denn zieht sich det janze Proszönimus-Publikum von det Opernhaus und Schauspielhaus zu mir, und Wallner und Victoria werden Erbbejräbnisse! Aber es schlummert noch eine janz andere Idee in mir: *Ich laß die Jäste mitspielen, det Publikum.* Von die weiblichen Zuschauer wird die Schönste ausjelost und an die Kasse jesetzt, um det Eintrittsjeld nach Belieben einzunehmen.

Wer doppeltes Angströ bezahlt, kann auf die Bühne rauf und mitmachen. Et jibt ja zu viele Menschen, die gern 'mal 'n paar Ritterstiefel anziehen möchten — und nu erst die Frauenzimmer! Panem et Circus Ciniselli! sagt der Lateiner. Also bitt' ich Sie um Ihre An-

sicht davon, und ob Sie mir, geehrter Herr Doktor! einen Prolog leisten wollen, weil ich doch gern mit einem *Namen* anfangen möchte, und ich mir gewiß dafür bei Ihnen zu Weihnachten dankbar zeigen würde, indem er in Versen sein kann und Sie ja darin sagen könnten, daß es mir nur um die Kunst zu tun ist, indem dieses nämlich das ganze Geheimnis der Dramatik sein soll, daß immer 'was andres kommt, als man erwartet, was jedoch in Bezug auf Ihr Honorar gewiß nicht der Fall sein soll.

Der ich bin Hochachtungsvoll
Bohnekamm.

N.B. Herr von Hülsen soll auch wütend sein über die üppige Vegetation auf Thaliens Fluren und über die Masse Schmarotzerpflanzen, die über Nacht emporjeschossen sind. Aber es is ihm schon janz recht, warum hat er det alte Königstädt'sche Theater am Alexanderplatz eingehen lassen!

(1869)

Zum Schluß sei uns noch gestattet, ein wunderbares Gedicht „Die schönste Stunde des Lebens" unsern Lesern mitzuteilen. Es ist von Roderich Kunibert Speichling und gehört mit zu den besten Gaben deutscher Lyrik:

Die schönste Stunde des Lebens

O himmlisch schöne Stunde,
Erinn'rung heb' sie auf,
Mein Fürst von Gottes Gnaden —
Er trat mir einst darauf!

Daß ich draus Wonne sauge
Für diesen Lebenslauf,
Auf's schönste Hühnerauge
Trat mir mein Fürst einst drauf!

Es stand zu der Parade
Das Volk gedrängt zu Hauf,
Ich drängte vor mich grade —
Da trat mein Fürst mir drauf!

Noch heute wird mir übel,
Denk' dran ich — schrie gleich auf
Und zog gleich aus den Stiefel:
Mein Fürst trat mir darauf!

Und endet einst dies Leben,
Sollt Ihr zum Grabeslauf
Den Stiefel mit mir geben,
Mein Fürst trat mir darauf!

Den Englein will ich weisen
Mein Kleinod oben auf,
Dann tönt's in Paradeisen:
Sein Fürst trat ihm darauf!

Überall hört man dieses Gedicht jetzt rezitieren, und
sieht man stets dabei in machem Auge eine Träne
glänzen.

Nachwort

"Alles muß verungeniert werden!"

"Kladderadatsch" schallte es während der Revolution von 1848 über Berlins Straßen und Plätze. "Kladderadatsch!" riefen am 7. Mai dieses sturmbewegten Jahres die Zeitungsjungen. "Kladderadatsch?" fragten die Berliner und griffen zu. "Kladderadatsch" bedeutete soviel wie "Auflösung", "Umsturz", "universales Chaos". Unter diesem Namen und mit dem feisten Gesicht eines Weißbierphilisters auf der Titelseite gab sich die Zeitung als "Organ für und von Bummler" zu erkennen. "Bummler", das war der Mann auf der Straße. Und dieser zeigte sich von dem neuartigen Wort elektrisiert: "Kladderadatsch" war lautmalerisch, aggressiv wie seine Stadt, war witzig wie das gesamte Blatt und zu allem zu gebrauchen.

I.

Der Gründer dieser politisch-satirischen Wochenschrift, welche als erste in Berlin Bedeutung erlangte, hieß David Kalisch. Er gehörte wie viele gute Berliner seiner Zeit zu der schätzenswerten Kategorie der "Zugereisten". Am 23. Februar 1820 hatte er in Breslau als Sohn eines jüdischen Pelzwarenhändlers das Licht Preußens erblickt. Eigentlich sollte ein angesehener Kaufmann aus ihm werden. Doch im Oktober 1844 kehrte der junge Prokurist, von den politischen Verhältnissen angewidert, seiner Vaterstadt den Rücken und ging nach Paris.

Paris war damals politischer und kultureller Mittelpunkt Europas, war Hoffnung der Welt. Aber Kalischs Hoffnung, an einem großen Handelshaus angestellt zu werden, erfüllte sich nicht; und so mußte er sich als Projektemacher, Fremdenführer und Fabrikarbeiter durchs Pariser Leben schlagen. Belege für Kontakte zu bedeutenden Persönlichkeiten der Emigration lassen sich nicht erbringen. Was ihn an der Seine wohl am nachhaltigsten beeindruckt hat, das waren die Boulevards und die Theater. Hier gewann der junge Kalisch Einblick in die Mentalität bürgerlicher Öffentlichkeit, die ihm wenige Jahre später in Berlin von Nutzen sein sollten.

Anfang 1846 kehrte der völlig Mittellose nach Deutschland zurück und versuchte in Leipzig als Schriftsteller Fuß zu fassen. Aber nicht die Messestadt, sondern die gärende und sich mausernde Preußen-Metropole war der Ort, wo sich sein Talent voll entfalten konnte.

Am 2. Juli 1846 kam Kalisch in Berlin an und fand zunächst als Kassierer in einem Speditionsgeschäft eine feste Anstellung. Aber eines Tages lag er wieder auf der Straße. Er zog in das nahe gelegene Dörfchen Schöneberg, vermochte am dortigen „Hoftheater" und bald darauf am Königsstädtischen Theater in Berlin mit kleinen „einberlinerten" Vaudevilles Aufmerksamkeit zu erringen. Weihnachten 1847 glückte ihm der große Wurf: Seine Posse „Hunderttausend Taler" traf den Nerv der Zeit und machte den unbekannten, stellungslosen Kommis über Nacht zum Liebling eines kleinbürgerlichen Theaterpublikums in der Königs-stadt.

Inwieweit Kalisch an den revolutionären Auseinan-dersetzungen der preußischen Bourgeoisie mit dem Feudalabsolutismus beteiligt war und wie andere bür-gerliche Schriftsteller den Elan der Revolution beflü-gelte, verschweigen die Quellen. Fest steht, daß es dem 28jährigen, noch immer mittellosen Schriftsteller im Mai 1848 gelang, die politisch-satirische Zeitung „Kladderadatsch" zu gründen und sie mit Berliner Pfiff populär zu machen. Seit 1850 folgten weitere, von ihm initiierte Projekte — so der „Humoristisch-sa-tyrische Volkskalender des Kladderadatsch", die Klad-deradatsch-Berichte aus London und Paris sowie Schultze und Müller's humoristische Reisebilder als Weiterführung der durch ihn bekannt gewordenen Witzblattfiguren.

Auf der Bühne waren vor allem seine Stücke „Berli-ner auf Wache" (1848), „Berlin bei Nacht" (1849), „Junger Zunder — Alter Plunder" (1850) erfolgreich. Sie verliehen der bisher kaum profilierten Berliner Posse Richtung und Ansehen, so daß dem Autor 1850 kein geringerer als Gottfried Keller seinen Respekt zollte: „Es ist eine Lüge, … daß die Angelegenheiten des Tages keinen poetischen Wert hätten. In Berlin war es der Dichter Kalisch, welcher das für jetzt mögli-che leistet."

Mit dem Erfolg und der Anerkennung als volkstüm-licher Autor stabilisierte sich allmählich auch Kalischs Leben. Seit wann er von seinen Einkünften als freier Schriftsteller leben konnte, geht aus den spärlichen Quellen nicht hervor. Bekannt hingegen ist, daß der angesehene Witzblatt-Autor 1849 und 1852 wegen zutreffenden Witzes aus der Stadt gewiesen wurde — ehe er auch sein formelles Heimatrecht in Berlin erhielt. Danach widmete sich Kalisch mit Fleiß ganz seiner Tätigkeit als Journalist und Stückeschreiber.

Nach der gescheiterten Revolution suchte er sich, wie Dr. Peschke, eine seiner Possengestalten jener Zeit, es formulierte, „'n bißchen in die Verhältnisse zu schicken". Kalisch verstummte jedoch nicht, wie viele Achtundvierziger, die im Lande geblieben waren. Er stieg auch nicht wie manch anderer von Schwarz-Rot-Gold auf Schwarz-Weiß-Rot um. Dem kleinbürgerlichen Demokraten jüdischer Herkunft blieb nichts weiter übrig, als sich mit gezielter Ironie und gedämpftem Widerspruchsgeist auf die restaurative Situation in Preußen einzustellen. Ob er sich innerlich ganz damit abgefunden hat, muß bezweifelt werden. In seinen besten Kladderadatsch-Satiren ist ein nachrevolutionäres „Maulen" allenthalben feststellbar.

Anders verhält es sich mit seinen Possen. Nach der Schließung des Königsstädtischen Theaters im Sommer 1851 sah sich der Schriftsteller seiner eigentlichen theatralischen Wirkungsstätte beraubt. Er wich auf andere Bühnen aus, bis ein neuer Mann sich anschickte, im Berliner „Pantinenviertel" (etwa dem heutigen Friedrichshain) ein neues volkstümliches und leistungsfähiges Ensemble aufzubauen.

Dieser Mann hieß Franz Wallner (1810—1876) und war ein gebürtiger Wiener. 1856 erschien bei ihm zuerst Kalischs Posse „Münchhausen". Sie war, wie die nun folgenden, „sozialgemütlich": „Der Aktienbudiker" (1856), „Ein gebildeter Hausknecht" (1858),

„Berlin, wie es weint und lacht" (1858), „Berlin wird Weltstadt" (1866) usw. Das Wallner-Theater und sein Hausautor hatten Erfolg damit, sehr großen Erfolg, so daß Zeitgenossen (zu Unrecht) behaupteten, dies sei die eigentliche Blütezeit der Berliner Posse gewesen.

Als sich Wallner 1868 von seinem Unternehmen zurückzog, erschien auch keine neue Kalisch-Posse mehr. Gelegentlich schrieb der kränkelnde Autor noch für den „Kladderadatsch", den er in den besten Händen wußte. Bismarcks Reichseinigung vom Januar 1871 hat er noch miterlebt. Wie er sie aufgenommen hat, ist nicht bekannt. Am 21. August 1872 ist David Kalisch zweiundfünfzigjährig in Berlin verstorben. Sein „Kladderadatsch" vermeldete darüber — nichts.

II.

Das deutsche Pressewesen mußte aufgrund der Karlsbader Beschlüsse (1819), der Metternichschen Reaktion und der Zensur, bis weit ins 19. Jahrhundert hinein warten, ehe es als Forum bürgerlichen Selbstverständnisses und Selbstbewußtseins seine (relative) Unabhängigkeit erlangte. Als in der Revolution von 1848 neben einigen demokratischen „Forderungen des Volkes" vorübergehend auch die „Preßfreiheit" durchgesetzt werden konnte, wurden in deutschen Landen nicht weniger als 269 Zeitungen jeglicher Couleur gegründet.

In Berlin begleitete ein stattliches Dutzend humoristisch-satirischer Blätter politischen Inhalts mit unterschiedlicher Zielsetzung die Revolution, z. B. Helds „Locomotive", Glaßbrenners „Freie Blätter", „Die ewige Lampe", „Berliner Krakehler", „Tante Voß mit dem Besen". Daneben bildeten zahlreiche Flugblätter und Wandzeitungen, oft in einem sehr deutlichen Berlinerisch gehalten, den journalistischen Humus, auf dem der „Kladderadatsch" gedeihen sollte.

Bereits im Vormärz hatte sich auch in Berlin neben der „hohen" Literatur eine kleinbürgerlich-demokratische Volksliteratur herausgebildet, der sowohl der Berliner Dialekt als auch Humor und Satire zunehmend kritische Akzente verliehen. Der alte Fontane faßte diesen Demokratisierungsprozeß auf der Bühne und in den Journalen wie folgt zusammen:

„An die Stelle des Witzes von Angely, Beckmann, *Glaßbrenner* ... trat der Heinrich Heinesche Witz, der, gemeinschaftlich mit den Mephistopartien aus Goethes ‚Faust', alle Klassen, bis weit hinunter, zu durchdringen begann, bis abermals einige Jahre später der politische Witz den literarischen ablöste. Die mit 48 ins Leben tretenden Witzblätter (u. a. der ‚Kladderadatsch'), dazu die das Berliner Leben schildernden Stücke (*David Kalisch* voran) und schließlich das wohl oder übel immer mehr in Mode kommende, sich aller Tagesereignisse bemächtigende Coupletwesen schufen das, was wir das moderne Berlinertum nennen, ein eigentümliches Etwas, darin sich Übermut und Selbstironie, Charakter und Schwankendheit, Spottsucht und Gutmütigkeit, vor allem aber Kritik und Sentimentalität die Hand reichen ..."

Kalischs Possen und der „Kladderadatsch" waren Exponenten dieser Entwicklung. Über die Umstände, wie die Zeitung gegründet wurde und zu ihrem Namen kam, vermag nur die Anekdote letzte Klarheit zu geben. Die einen meinen, der „Kladderadatsch" sei aus den Blättern der „Rütli"-Gesellschaft hervorgegangen, jener losen Vereinigung kunst- und literaturbegeisterter junger Leute, die in der Bierstube Lauch in der Rosengasse (direkt hinter der Werderschen Kirche) jeden Sonnabend den intellektuellen Rhabarber blühen ließen. Andere behaupten, „Kladderadatsch" wäre in Hippel's Weinstube in der Dorotheenstraße entstanden; dort hätte der Name plötzlich im Raume gestanden, als ein Hund den Tisch umwarf und ein paar Gläser nebst einer Flasche kostbaren Rebensaftes zu Bruch gingen. Die prosaische Lesart lautet: die Zeitung sei einfach an einem verregneten Apriltag im Büro des Verlegers in der Friedrichstraße ausgehandelt worden.

Für die ersten Nummern schrieb Kalisch sämtliche Beiträge selbst. Sein Verleger Albert Hofmann (1818—1880) trug das Risiko und steuerte den Titelkopf der Zeitung bei. Das Klischee dazu hatte er kurz zuvor auf der Leipziger Messe erworben, nachdem es dort schon eine andere Publikation, den „Anekdotenjäger" von 1847, geziert hatte. Beide waren sehr erstaunt, als die anfängliche Verlegenheitslösung zum Markenzeichen des Berliner „Kladderadatsch" wurde. Das machte das Unternehmen zu *ihrer* Zeitung. Sie erhielt mit Ernst Dohm den leitenden Redakteur und Erweiterer der ursprünglichen Anlage. Dohm sowie der Schriftsteller Rudolf Löwenstein und der Zeichner Wilhelm Scholz — er war der einzige Berliner in ihrer Mitte — bildeten mit Kalisch auf Jahrzehnte das erste Redaktionskollegium oder, wie sich die vier in aller Bescheidenheit nannten: die „Gelehrten des Kladderadatsch".

Diesen „Gelehrten" des Berliner Witzes ist es zu danken, daß die Zeitung auch erscheinen konnte, nachdem General Wrangel über Berlin den Belagerungszustand verhängt und den „Kladderadatsch" verboten hatte, so daß das Blatt zum Ausweichen nach Leipzig und Eberswalde gezwungen war. Es wird erzählt, Verleger Hofmann habe so manches Päckchen der verbotenen Zeitung unterm Mantel in das belagerungsverhängte Berlin geschmuggelt. Und es gelang dem Redaktionskollegium in den Jahren der Konterrevolution und Restauration, als sich die deutsche Bourgeoisie offen auf die Seite des Feudaladels geschlagen und die Revolution verraten hatte, das Ansehen der Zeitung als politisch-satirisches Blatt zu erhalten und ihr sowohl bei dem Manne auf der Straße als auch unter den liberalen Intellektuellen einen ständig wachsenden Leserstamm zu sichern. Betrug im Gründungsjahr die Auflage 4000 Exemplare, so war sie 1852 bei 12000 Stück angelangt; 1872, im Todesjahr ihres Gründers, hatte sie die 50000 weit überschritten.

Daß auch in nachrevolutionärer Zeit das Blatt seine demokratischen Spitzen behielt und das satirisch Mögliche leistete, davon zeugen nicht zuletzt Kalischs zahlreiche Artikel, die er 1850—1858 während des sogenannten Ministeriums Manteuffel schrieb.

Das waren die Jahre der Demokratenverfolgung und der Gesinnungsschnüffelei, des Rückfalls in Gleichgültigkeit und Duckmäusertum. Die Schwierigkeiten, die einem Autor erwuchsen, wenn er als satirischer Beobachter seiner Epoche wirksam werden wollte, waren enorm. Denn dieser Schriftsteller müßte sein „eun *Homör* und eun *Hanswurst*, eun *Arüstopha-*

nös und eun *Öckenstöher ... Dante* und *Nante* ßu gleucher Zeut" (Dreißig Silvester-Gedanken, 1855).

In der 1858 verkündeten „Neuen Ära", während der Debatten um die Heeresreform-Vorlage (1860) und vor allem während der „Konfliktzeit" (1862—1864), die den Amtsantritt Bismarcks kennzeichnete, hat sich das Ansehen des „Kladderadatsch" weiter gefestigt. Die Zeitung attackierte vor allem das deutsche Spießertum (in der Rubrik Schultze und Müller) und die preußischen Junker (in den ständigen Figuren des Baron von Strudelwitz und von Prudelwitz). Daneben waren Napoleon III. und Bismarck — nicht nur in der gezeichneten Karikatur — die am meisten angegriffenen Staatsrepräsentanten.

Erst im Gefolge des preußisch-österreichischen Krieges und der Entscheidung bei Königgrätz (1866) ist die liberale Opposition in Preußen und mit ihr der „Kladderadatsch" allmählich auf Bismarcks Variante der Reichseinigung eingeschwenkt — auf eine Politik aus „Blut und Eisen" im Zeichen einer antifranzösischen Konzeption. Zwar hatten Kalisch und der „Kladderadatsch" seit jeher demokratische Einigungsbestrebungen propagiert; aber sie stellten auch unversöhnlich die reaktionären Praktiken diesseits und jenseits des Rheins, den Bonapartismus, als „modernen Januskopf" an den Pranger.

Der „Kladderadatsch" war somit nicht nur die einzige politisch-satirische Zeitung von 1848, welche die Revolution überdauert hat. Sie blieb auch bis zur Reichsgründung für den liberalen Teil des Bürgertums ein Organ des eingreifenden politischen Witzes. Bis 1871 hat der „Kladderadatsch", haben Kalisch und seine Mitarbeiter in Deutschland allen Widerständen zum Trotz die wohl bedeutendste Rolle gespielt, die auf der Bühne der politischen Satire jener Zeit zu vergeben war. Nach der Jahrhundertwende verkam der Witz des „Kladderadatsch" — zuerst wilhelminisch, dann weimar-republikanisch, schließlich faschistisch. 1944 war es auch damit zu Ende.

III.

Das vorliegende Bändchen vereinigt journalistische Arbeiten der Jahre 1851 bis 1869. (Diese Zeitspanne wird bestimmt von dem einzig zur Verfügung stehenden Quellenmaterial, durch das ein Teil von Kalischs ungezeichneten Kladderadatsch-Beiträgen identifiziert werden konnte.) Sie reflektieren auf ihre Art jene Jahre preußisch-deutscher Geschichte, in denen sich Preußen eine politische und wirtschaftliche Vormachtstellung unter den übrigen deutschen Staaten eroberte. In der oft blauäugigen Erinnerung an das „Einst" versuchte der Autor, den Blick seiner Zeitgenossen auf das „Jetzt" zu schärfen. Seine nachrevolutionären Arbeiten waren nicht nur von einem politischen Skeptizismus geprägt, sondern auch vom produktiven „Dennoch" eines kleinbürgerlichen Demokraten von 1848. Nur aus dieser Position ist sein späteres journalistisches Schaffen zu verstehen.

Kalischs Themen sind vielgestaltig, doch nicht ohne Desiderate. Die Krone, das Militär, der preußische Staat durften nirgends direkt angegriffen, eine revolutionäre Änderung bestehender Verhältnisse nie als erstrebenswert dargestellt werden. Das hinderte den listenreichen Satiriker freilich nicht, die Sache selbst „positiv" und in ihrer Allgemeingültigkeit bloßzustellen. Manch „hiesiger" Mißstand kam als der des „Anderen" an den Pranger. Von Anfang an waren Napoleon III. und Kaiserin Eugenie, mitunter auch die spanische Königin Isabella und ihre Günstlingswirtschaft Zielscheibe — sei es in den Schulaufsätzen seines Quartaners Karlchen Mießnick oder in den fingierten Briefen der Großen und Allergrößten.

Nie ist Kalischs Satire „allgemein menschlich". Wo es dennoch den Anschein hat, wußte er konkrete Gesellschaftsbezüge und politische Anlässe, zu denen uns heute mitunter der Schlüssel fehlt, gut zu verschleiern. Mitunter genügten Andeutungen, um verstanden zu werden. Die berüchtigten Stiehlschen „Regulative" stellte er als das dar, was sie waren: als eine militante Schul- und Volksbuchbereinigung im reaktionär-klerikalen Sinne. Und „Tugenden", die man höheren Orts gern sah, hat er gar zu einem „Musterbuch für das wahre Volk" zusammengefaßt.

Als sich der „Kartätschenprinz" von 1848 im Jahre 1861 die preußische Krone aufsetzte, verkündete er in seiner Thronrede: „Es ist Preußens Bestimmung nicht, dem Genuß der erworbenen Güter zu leben. In der Anspannung seiner geistigen und sittlichen Kräfte, ... in der Vereinigung von Gehorsam und Freiheit, in der Stärkung seiner Wehrkraft liegen die Bedingungen seiner Macht." Diese Worte könnten dem „Kladderadatsch" entstammen, waren aber ernst gemeint. Man lese dazu Kalischs satirische Betrachtungen jener Zeit, die ebenfalls ernst gemeint waren: „Zu den Hauptfrei-

heiten und Privilegien, die das deutsche Volk genießt,
... gehört zunächst der Genuß der vier Jahreszeiten."

Für den Mythos vom alten ehrlichen Deutschen
und der guten alten deutschen Moral — Kennzeichen
nachrevolutionären Spießertums — hatte er nur Spott
übrig. Unnachgiebig verurteilte er Knechtseligkeit und
Denunziantentum, Gesinnungsschnüffelei, Banausen-
haftigkeit und Besserwisserei. Besonders angetan hatten es ihm deutscher Krämergeist, die Verkaufbarkeit
menschlicher Werte und das Spekulantentum an der
Börse. In der Proteus-Figur seines Zwickauers, den er
von der Bühne in den „Kladderadatsch" übernahm,
versuchte der Autor immer wieder, einen Vertreter
des sich etablierenden Kapitalismus literarisch zu fi-
xieren.

Kalischs Zivilisations-, Kultur- und Kunstkritik ist
aggressiv und formenreich, mitunter geistvoll, mitunter
auch kalauernd, in jedem Falle gar nicht so von „gestern", wie es auf den ersten Blick erscheinen mag.
Zwischen Satire und Humor pendelnd zeichnete er
seine Volksgestalten. Liebevoll, mit humoriger Gutmütigkeit begegnete er dem Mann auf der Straße. Er war
sein Ego. Als echter Satiriker nahm er gelegentlich
auch sich selbst auf die Schippe. Über sich konnte er
am meisten lachen.

David Kalisch fand zahlreiche Nachahmer. Aber
nur wenige haben seine Tradition wirklich fortgesetzt
und bereichert. Er hat im 19. Jahrhundert viel zur Hu-
morwürdigkeit Berlins beigetragen — zu dem, was der
alte Fontane „das moderne Berlinertum" nannte.

Manfred Nöbel

Die vorliegende Auswahl stützt sich auf die fünfteilige Ausgabe „Lustige Werke von D. Kalisch. Illustriert von W. Scholz", die um 1870 im Verlag von A. Hofmann & Comp. Berlin erschienen ist (außer „Dreißig Silvester-Gedanken"). Die Datierung und chronologische Anordnung wurde nach dem jeweiligen Zeitungs-Erstdruck vorgenommen. In der Textgestaltung folgt der Herausgeber den „Lustigen Werken".

Die schwankende Rechtschreibung und Interpunktion wurde vereinheitlicht und behutsam heutigen Normen angeglichen.

Der Herausgeber

Anmerkungen

5 *Bürgerwehr-Clubs* — aus den dt. Befreiungskriegen von 1812/13 und der franz. Juli-Revolution übernommene Forderung nach allgemeiner Volksbewaffnung; Bürgerwehren wurden in Preußen nach der März-Revolution 1848 aus besitzenden bürgerl. Schichten geschaffen. Dieser „traurige Ersatz für eine Volksbewaffnung" wurde im November 1848 von der Reaktion aufgelöst.

6 *neue Theaterordnung* — die Theaterzensur-Verordnung vom 10.Juli 1851 des Berliner Polizeipräsidenten v.Hinckeldey; sie stellte u. a. das vormärzl. Genehmigungsverfahren von Bühnenaufführungen wieder her.

11 *Herr Kultusminister* — satir. Anspielung auf Karl Otto v.Raumer (1805—1859); er vertrat als Kultusminister im preuß. Ministerium Manteuffel 1850—58 die reaktionäre, protestantisch-orthodoxe Richtung regressiver, nachrevolutionärer Kultur- und Volksbildungspolitik.

13 *Eskimo* — Albinos ließen sich damals als „Eskimos" für Geld sehen.

16 *Tom Poucen* — gemeint ist der Artist Charles Sherwood Estratton (1838—1883). Als Tom Thump/Pouce (= Daumen) trat der Liliputaner in Abnormitäten-Shows und im Zirkus auf.

16 *um Preußen zu demütigen* — Anspielung auf Preußens Bemühungen um die „Deutsche Union", in der es die Führung erlangen wollte, sowie auf die Olmützer „Punktation" (29.Nov.1850), nach der Preußen auf seine Unionspläne verzichten mußte.

17 *Göttinger Hainbund* — ein 1772 gegründeter Bund in Göttingen studierender junger Dichter; in ihren Werken kommt u.a. ein mehr moral. als polit. sich äußernder Patriotismus und Tyrannenhaß zum Ausdruck, der 1852 verdächtig erschien.

17 *hannöver'sche Partikularisten* — d. h. aus der Sicht Preußens;
   denn bereits Ende 1849 waren Hannover und Sachsen von
   der „Union" abgefallen, weil (wie es in der hannoverschen Erklärung vom 23. Mai hieß) der künftige „Übergang aus dem
   Staatenbunde in den Bundesstaat nur mit Zustimmung aller
   deutschen Staaten geschehen könne".
20 *puer cauponius* — (lat.) Wirtshausjunge
23 *„Tivoli"* — Name eines bekannten Ausflugslokals am Kreuzberg.
24 *Neue Preußische Zeitung* — im Juli 1848 gegründete christ-
   lich-konservative Berliner Tageszeitung („Kreuzzeitung"), Organ des preuß. Junkertums und der Hofkamarilla.
25 *Monument* — eine gotische Spitzsäule, 23 m hoch, zur Erinnerung an die dt. Befreiungskriege von 1813—15, nach einem
   Entwurf von Schinkel 1821 in Eisenguß errichtet.
25 *Palazzo di Krolli …* — Anspielungen auf bekannte Berliner
   Örtlichkeiten: auf Kroll's Etablissement, den Exerzierplatz u. a.
28 *Medoc* — roter Burgunder.
28 Chably — eigtl. Chablis, weißer Burgunder.
28 *St. Julien* — teure Weinsorte, roter Bordeaux.
28 *Gelbsiegel* — leichtsüßl. Weißwein.
29 *Rumänen 60 stehen* — Stand des Kurses rumän. Staatsaktien
   an der Börse.
29 *Aut Caesar aut aliquid!* — (lat.) Entweder Caesar oder irgend-
   einer! Parodist. Abwandlung der Devise Cesare Borgias „Aut
   Caesar aut nihil!" (Entweder Caesar oder nichts!)
30 *Hoc volo, sic iubeo!* — (lat.) Der Ausspruch Juvenals lautet dt.
   vollständig: „Ich will's, so befehl ich's; statt eines Grundes gelte
   der Wille!"
30 *Ziel ist … der Friedrichshain* — Begräbnisplatz der Märzgefal-
   lenen von 1848.
30 *Young's „Nachtgedanken"* — ep. Gedicht des engl. Dichters
   Edward Young (ersch. 1742—45); es enthält von Melancholie
   und melodramat. Schmerz erfüllte Meditationen über die
   Nichtigkeit menschl. Lebens.

31 *O tempora, o mores!* — (lat.) Ausspruch Ciceros: O Zeiten, o Sitten!

31 *Sic debes venire!* — (lat.) etwa: Wenn du mußt, komm!

33 *Tournüre* — (franz.) hier: Körperhaltung, Gestalt, Aussehen.

33 *Galant'hommes, première Qualité* — (franz.) soviel wie: Erstklassige Ehrenmänner, im übertragenem Sinne: Gute Partien.

33 *à la demi-monde* — (franz.) hier etwa: nach der Art eines Lebemannes.

34 *Emballage* — (franz.) Verpackung.

40 *Jaromir* — Ritterfigur aus der Trivialliteratur des 18./19. Jhs. Kalisch parodiert hier offensichtl. Grillparzers Trauerspiel „Die Ahnfrau" (1817).

44 *horribile dictu!* — (lat.) schreckliches Wort!

45 *Vehse* — Karl Eduard Vehse (1802—1870), Publizist und Historiker; bekannt durch eine mitunter Details anhäufende „Geschichte der deutschen Höfe seit der Reformation".

46 *„Nihil est melius …"* — (lat.) „Nichts ist besser, nichts süßer, nichts begrüßenswerter als körperliches Wohlbefinden!"

46 *„Beatus ille …"* — (lat.) „Glücklich, wer fern von Geschäften!"

47 *„Intelligenzblatt"* — die 1808 gegründ. Zeitung war ein konservatives, unter preuß. Aufsicht stehendes Anzeigeorgan mit Bezugszwang für Beamte.

51 *das Kloster … das Graue* — Anspielung auf das alte Berliner Gymnasium „Zum Grauen Kloster".

53 *Renntier* — gemeint ist der Rentier (franz.), Bezieher eines Einkommens (z.B. aus Zinsen) ohne eigene Arbeit.

55 *dü Rundschauen dös Hörrn von Görlach* — Ernst Ludwig v. Gerlach (1795—1877), reaktionärer preuß. Politiker; Mitbegründer der „Kreuzzeitung", für die er monatlich „Rundschauen" schrieb.

59 *Früdrüch-Wülhölmsstadt* — gemeint ist das 1848 gegr. Friedrich-Wilhelmstädtische Theater in der Schumannstraße, nach der Revolution ein bürgerl. Theater der Unterhaltung.

59 *meun Freund Löwensteun* — der Kladderadatsch-Redakteur Rudolf Löwenstein (1819—1891).

60 *dü Spönörsche* — gemeint ist die „Haude- und Spenersche Zeitung"; das 1770 gegr. Blatt besaß im literar., wissenschaftl. und
gesellschaftl. Leben Berlins großes Ansehen, vertrat jedoch in
jener Zeit konstitutionell-monarchist. Ansichten.

62 *die grünen Tische* — die Tische im Spiel-Casino.

65 *der Vampyr ... zu einem Operntext verarbeitet* — von Wilhelm
August Wohlbrück, Musik Heinrich Marschner zu der Oper
„Der Vampyr" (1828).

73 *Demi-monde* — (franz.) hier: Halbwelt. Aspasia, die zweite
Frau des berühmten athenischen Staatsmannes Perikles (4. Jh.
v. d. Z.) wurde bereits im Altertum als Hetäre bezeichnet.

76 *Einschätzungs-Kommission* — eine Kommission, die im 19. Jh.
das Einkommen der Bürger einschätzte und danach die Höhe
der Steuern festlegte.

77 *mich in den Wolken erhoben* — der attische Komödiendichter
Aristophanes ließ den Philosophen Sokrates zwar in seinem
Stück „Die Wolken" (423 v. d. Z.) auftreten, verspottete ihn
aber darin mit seinen Lehren.

78 *O si tacuisses ...* — (lat.) „O wenn du geschwiegen hättest, wä-
rest du ein Philosoph geblieben!" schrieb Boethius im Gefängnis kurz vor seiner Hinrichtung (um 524) in seinem Büchlein
„Trost der Philosophie".

79 *Anleihe* — hier: Staatsaktien.

79 *Prytaneum* — (lat.) Stadthaus, Rathaus.

79 *Marken für den nächsten Monat* — für die Volksküche, die gerade in Berlin eingerichtet wurde.

79 *Remuneration* — (lat.) Belohnung, Entschädigung, Vergütung.

79 *ein Adler vierter Klasse* — niedrigster Rang des preuß. Roten
Adlerordens.

79 *Aeskulap einen Hahn schuldig* — dem antiken Gott der Heil-
kunst wurde ein Hahn als Opfergabe geschlachtet. Hier Anspielung auf den „gallischen Hahn", d. h. auf Frankreich und
den Bonapartismus Napoleons III.

80 *indem das stehende Heer Mißtrauen hervorruft* — am 10. Februar 1860 legte die preuß. Regierung dem Abgeordnetenhaus

ihren ersten Heeresgesetzentwurf vor, dessen Vorbereitung bereits das Mißtrauen des liberalen Bürgertums hervorgerufen hatte. Eine Heeresreform, die eine jährl. Mehrausgabe von 10 Mill. Taler vorsah, wurde u. a. durch das veraltete Krümpersystem Preußens, aber auch durch Eroberungspläne Napoleons III. (linkes Rheinufer) begründet (vgl. auch „Note intime").

83 *mit Besorgnis in die Zukunft* — am 7. Oktober 1858 hatte der Prinz v. Preußen die Regentschaft übernommen und nach einer Phase tiefer wirtschaftl. und polit. Depression den Anbruch einer „neuen Ära" verkündet. Als sich die Erwartungen der liberalen Bourgeoisie nicht erfüllten, machte sich Enttäuschung und Erbitterung breit.

89 *Farbe des Bandes* — an der Farbe des Ordensbandes, das am Mantelaufschlag getragen wurde, war der Grad staatl. Auszeichnung zu erkennen.

90 *an den Meistbietenden die deutsche Flotte* — im August 1852 wurde die durch freiwillige Spenden begründete dt. Flotte versteigert.

91 *„Tante Voss"* — so wurde im Volksmund die „Vossische Zeitung" genannt, eine traditionsreiche, 1751 gegründete Berliner Tageszeitung.

92 *Norddeutscher Reichstag* — hier vermutl. der Preuß. Landtag (der Reichstag des Norddeutschen Bundes konstituierte sich erst 1867).

92 *Gerieben werden Salamander* — Trinkritus alter student. Verbindungen.

92 *Peterspfennig* — freiwillige Geldspende der Katholiken für die Bedürfnisse des Papstes und des Heiligen Stuhles.

92 *Österreich noch keine Anleihe* — die österreich. Staatsanleihen hat Kalisch als „ewige Pumperei" wiederholt verspottet.

93 *daß China untergeht* — Anspielung auf den engl.-franz. Krieg gegen China (1857—60).

94 *Aus dem „Musterbuch für das wahre Volk"* — diese polit. eingreifende Satire wurde im „Kladderadatsch" ursprüngl. als Fortsetzung in einer erweiterten Fassung am 14., 21. und

28. Dezember 1862 veröffentlicht. Sie trug damals den Titel „Musterbuch für das Preußische Volk" und hatte folgenden Einleitungstext, der hist. Personen und Ereignisse offen ansprach:

„Der Nationalverein, der Nationalfond, der Herzog von Coburg, die Graudenzer Sträflinge, Garibaldi, Patzke's Stachelschimmel, der erschossene Hinckeldey, der geprügelte Haynau, der gestorbene Hassenpflug, die Königin von Neapel, der Friseur in Hannover, der Potsdamer Depeschendiebstahl, der diplomatische Schreibtisch, die „Constantia" und andere ihren Beruf verfehlt habende Literaten, tragen leider noch immer die Schuld, daß die Beiträge für den Preußischen Volksverein nicht die Höhe der Summe erreichen, die für den Ankauf von *Rittergütern* zu Weihnachtsgeschenken für ihren Beruf *nicht* verfehlt habende Schriftsteller des genannten Vereins unbedingt notwendig ist.

Wir haben uns daher noch rasch zur Herausgabe eines ,*Musterbuch für das preußische Volk'* entschlossen und bitten sämtliche Landräte der Monarchie, den Absatz der ersten Auflage von 65.000 Exemplaren schleunigst zu veranlassen, wenn nicht Preußen noch vor dem 1. Januar k.J. dem Abgrund zueilen soll.

Nachstehende Proben werden genügen, die Anschaffung des Werkes, bei Androhung der Konzessions-Entziehung, allen Brantweinstuben durch die Landgensdarmen zu empfehlen."

94 *Preußisches Volksblatt* — gemeint ist vermutl. das „Preußische Wochenblatt", eine konservative Berliner Zeitung, gegr. 1851.

94 *erste und zweite Etage* — Anspielung auf die beiden Kammern des preuß. Parlaments, den Landtag. In der Ersten Kammer (Herrenhaus), deren Mitglieder vom König ernannt wurden, saßen überwiegend konservative Adlige. Die Zweite Kammer (Abgeordnetenhaus), durch ein undemokrat. „Dreiklassenwahlrecht" gewählt, setzte sich zumeist aus Vertretern der preuß. Bourgeoisie (Industrielle, Bankiers, Kaufleute) zusammen.

94 *Mehrheitsgeschöpf* — satir. Apostrophierung der liberalen Poli-

tiker, die seit Mai 1862 im preuß. Abgeordnetenhaus (2. Kammer) die Zweidrittelmehrheit innehatten.

94 *Nationalfond* — von der Deutschen Fortschrittspartei (s. Anmerk. zu S. 100) in Preußen ins Leben gerufene Sammelaktion zur Unterstützung der von der Reaktion politisch gemaßregelten Personen. Bis Ende 1862 waren bereits über 50.000 Taler zusammengekommen.

94 *die blanken Füchse hin und her wirft* — am 23. September 1862 beschloß das Abgeordnetenhaus nach vielem Hin und Her, daß die preuß. Regierung keine zusätzl. Mittel mehr für die Heeresreform ausgeben dürfe.

94 *Wilhelmstraße* — hier befand sich damals der Amtssitz Bismarcks.

97 *daß ihr schwarz-rot-gelb werdet* — parodist. Anspielung auf schwarz-rot-gold, das Symbol bürgerl.-demokrat. Einheits- und Freiheitsbestrebungen in Deutschland. In der Revolution von 1848 als Tradition anerkannt, versuchte man in der Reaktionsperiode vergebens, den Symbolgehalt zu unterdrücken.

99 *Schützenfest-Unfug* — vom 13.–20. Juli 1862 fand in Frankfurt a. M. das erste deutsche Schützenfest statt, an dem über 8 000 Menschen teilnahmen. Sie bekannten sich zu einem einheitl. dt. Nationalstaat und lehnten die Vorherrschaft Preußens ab.

100 *Fortschrittspartei* — die Deutsche Fortschrittspartei war in der ersten Phase ihrer Entwicklung (1861 bis zur Spaltung 1866) die polit. Vertretung der preuß. Bourgeoisie, der auch zahlreiche Intellektuelle und Schichten des Kleinbürgertums angehörten; sie erstrebte die Einigung Deutschlands unter preuß. Führung und wirtschaftl. Vorteile.

104 *die Versuche mit der eisernen Stirn sind gescheitert* — Mit Bismarcks Berufung als Staatsminister und seiner „Blut- und-Eisen-Rede" vom 30. Sept. 1862 versuchte die preuß. Krone, den Verfassungskonflikt zu entschärfen. Im Mai 1863, als dieser Beitrag erschien, forderte die liberale Bourgeoisie die Regierung sogar auf, den „Konfliktminister" Bismarck zu entlassen

und lehnte weiterhin die Militärausgaben ab. (Kurz nach Erscheinen des Artikels wurde dies mit Auflösung des Abgeordnetenhauses und Bismarcks berüchtigter „Presseordonanz" beantwortet.) Der Verfassungskonflikt endete erst 1866.

105 *polnisches Achtgroschenstück* — Anspielung auf die sog. Alvenslebensche Konvention vom Februar 1863: Preußen unterstützt Rußland bei der Niederschlagung des poln. Aufstandes; der Zar toleriert dafür die preuß. Reichsgründungspolitik.

106 *Brief* — bedeutet in Börsennachrichten oder auf Kurszetteln, daß ein Wertpapier zu diesem Kurs angeboten wurde (Briefkurs).

110 *Begegnung Marforis mit Isabellen* — s. Anmerk. zu S. 120.

112 *„In Polen brummt der wilde Bär"* — der Bär war Symbol des Zarismus. Im Januar 1863 war in den russ. besetzten Teilen Polens ein Aufstand ausgebrochen, dessen Ziel die Erringung der nationalen Unabhängigkeit des Landes war.

113 *Audaces fortuna ...* — (lat.) „Dem Mutigen nützt der Zufall und den Furchtsamen weist er zurück." Soviel wie: Wer nicht wagt, der nicht gewinnt.

113 *Retter der Gesellschaft* — als solcher bezeichnete sich selbstherrlich Napoleon III.

114 *Der Cäsarismus* — gemeint ist: der Bonapartismus, Form der Machtausübung Napoleons III. (1808–73); seit Ende 1848 Präsident der Republik, 1852 Kaiser durch Selbsternennung.

114 *Er ist von Frankreich eingeschleppt worden* — Anspielung auf den Bonapartismus Bismarcks.

114 *zweiter Dezember* — Tag des Staatsstreiches von Louis Napoleon 1851 und Datum seiner Kaiserkrönung 1852 als Napoleon III.

115 *verbessert das Schießgewehr* — seit 1866 wurde die franz. Armee mit dem von Chassepot vervollkommneten Infanteriegewehr ausgerüstet.

115 *Mexiko* — 1866/67 wurden die franz. Interventionstruppen Napoleons III. gezwungen, das von ihnen 1861 besetzte Mexiko zu räumen.

115 *Revuen* — hier: Truppenparaden, Heerschauen.

116 *Nordschleswig'sche Frage* — Dänemarks und Preußens umstrittene Gebietsansprüche auf Nordschleswig, die nach dem Dänischen Krieg von 1864 unter Einbeziehung Österreichs geregelt wurden.

116 *stirbt höchstens als Onkel* — Napoleon I., der 1821 auf der Insel St. Helena starb, war der Großonkel Napoleons III.

120 *Eugenie* — Kaiserin der Franzosen (1826—1920), Tochter eines span. Grafen, seit 1853 mit Napoleon III. vermählt; sie war klerikal gesinnt, bigott, in Affären verwickelt und erstrebte polit. Einfluß.

120 *Isabella* — die span. Königin Isabella II. (1830—1904). Eine Hofkamarilla (ihr Beichtvater Claret und ihr Günstling Marfori) gewann großen Einfluß auf die als sittenlos geltende Herrscherin, die sich oft unter das Volk mischte. Parteienkämpfe und Aufstände führten am 18. September 1868 ihren Sturz herbei und zwangen sie, nach Frankreich in die Verbannung zu gehen. (Der Streit um die Thronfolge bildete später für Frankreich den Anlaß für den preuß.-franz. Krieg.)

120 *Marfori* — Carlos Marfori (1818—1892), ehemals Chorist, von Isabella II. zum Marquis von Lago erhoben.

121 *Lulu* — gemeint ist Eugène Louis Napoleon (1856—1879), der einzige Sohn Eugenies und Napoleons III.

122 *Antonelli* — Giacomo Antonelli (1806—1876), damals Kardinal-Sekretär des Papstes Pius IX. und mit ihm Vertreter äußerster kirchl. und polit. Reaktion.

122 *Bakunin* — Michail A. Bakunin (1814—1876), russ. Anarchist und bürgerl. Revolutionär.

122 *Gräfin Hatzfeld* — Sophie Gräfin v. Hatzfeld (1805—1881). Freundin und Anhängerin Lassalles, der sie im sog. Hatzfeld-Prozeß verteidigte; sie begründete 1867 neben dem Allgemeinen Deutschen Arbeiterverein als lassalleanische Splittergruppe den Lassalleschen ADAV.

125 *Pepita* — die span. Tänzerin Pepita de Oliva, die in Berlin triumphale Gastspiele gab.

126 *Vefour* — vornehmes Pariser Speise-Lokal im Palais Royal.

130 *Makart* — Hans Makart (1840—1884), österreich. Maler; gefeierter, später geschmähter Schöpfer üppiger Prunkdekorationen und Bilder mit histor. Themen. Er erregte unter Zeitgenossen durch Betonen der Sinnenfreunde oft Anstoß. Sein Gemälde „Die Pest in Florenz" entstand 1867/68.

131 *Ragout fin sans coquille* — (franz.) hier soviel wie: Würzfleisch ohne Hülle.

131 *Beatitudo non est ...* — (lat.) Glückseligkeit ist nicht ein Vorzug der Tugend, sondern (es ist) die Tugend selbst.

131 *Chirurgus juratus* — (lat.) soviel wie: Amtsarzt, vereidigter Arzt.

132 *Contagium* — (lat.) Ansteckung, Einfluß, übles Beispiel.

133 *In meines Landesvaters Zuchthause ...* — parodist. Abwandlung des Bibelspruchs „In meines Vaters Hause sind viele Wohnungen" (Joh. 14, 2).

133 *„Tote Gruppen sind wir ..."* — Zitat aus dem Gedicht „Die Freundschaft" von Friedrich Schiller (1782).

133 *Marianne Grimmert* — hatte in Berlin den ersten Fußpflege-Salon eröffnet.

134 *Catharina Voisün* — gemeint ist das alte Schlemmer-Restaurant Voisin in Paris.

135 *Stroußberg* — Bethel Henry Stroußberg (1823—1884), dt. Industrieller; betätigte sich u. a. ab 1863 spekulativ als Eisenbahn-Unternehmer.

135 *Herzöge von Ujest und Ratibor* — als Vertreter der preuß. Aristokratie waren sie hochangesehene Konzessionäre bei Stroußbergs gewagtem Eisenbahnbau in Rumänien.

136 *kein Billett zur Ungar* — die österreich. Sängerin und Schauspielerin Klara Ungar war bis 1874 an Kroll's Theater und am Friedrich-Wilhelmstädtischen Theater Berlin eine sehr beliebte Darstellerin.

136 *„Schach dem König"* — Lustspiel von Hippolyt Schaufert (1869).

136 *Neumann kommt* — gemeint ist der beliebte Komiker August Neumann (1824—1892) des Wallner-Theaters.

138 *die „Louistage"* — Anspielung auf die Gewalttätigkeiten der bonapartist. Polizei während der Wahlen im Sommer 1869 in Paris.

139 *Chassepotlunte* — Anspielung auf das franz. Infanteriegewehr, hier soviel wie: Lunte riechen.

140 *Kotz Strammbach* — Ausruf der Verwunderung; soviel wie: Gott strafe mich!

140 *Macadam* — Verfahren zur Herstellung von Straßenbelag (nach MacAdam).

142 *Theater-Gewerbefreiheit* — die neue Gewerbe-Ordnung von 1869 ermöglichte in Berlin die Gründung zahlreicher privater Theater-Unternehmen.

143 *Suez cuique!* — Verbalhornung des Ausspruchs von Cato d. Ä. „Suum cuique" (Jedem das Seine) mit Anspielung auf die bevorstehende Eröffnung des Suez-Kanals.

143 *Zähsar de Bello Calliko* — Verbalhornung der Bücher des Caesar „Commentarii de bello Gallico" (Kommentare zum gallischen Krieg), entst. 52 v. u. Z.

143 *Viehkommt von Lettorjöhr* — Verbalhornung von „Vicomte von Létorières", Lustspiel von Alfred Bayard.

143 *Pojazküs* — verbalhornte Pluralform von Pojaz (Bajazzo); hier soviel wie: die Schauspieler.

144 *wo eine in Moabit einjemauert wird* — parodist. Anspielung auf „Das eingemauerte Mädchen" von Adolf Bäuerle, eine „Wiener Kriminalgeschichte aus der neuesten Zeit" (1857).

144 *„Die Herrschaft des Mönchs"* — einer der zahlreichen Trivialstoffe des 19. Jhs., die hier verbalhornt wurden.

144 *Wallner und Victoria* — gemeint sind die populären Berliner Bühnen Wallner-Theater und Victoria-Theater.

144 *Panem et Circus Ciniselli* — Verbalhornung der Forderung Juvenals „Panem et circensis" (Brot und Zirkusspiele) mit Anspielung auf den Zirkus Ciniselli, der 1869/70 in Berlin gastierte.

146 *Herr von Hülsen* — gemeint ist Botho v. Hülsen (1815—1886), der von 1851—1866 Generalintendant der Berliner Hoftheater

war. Er versuchte vergeblich, das künstl. Monopol der königl. Hofbühnen aufrechtzuerhalten.

146 *Königstädt'sche Theater* — das Königsstädtische Theater am Alexanderplatz bestand von 1824 bis 1851. Nach der Revolution ließ der König durch den preuß. Staat die als Privatunternehmen geltende Bühne schließen. Generalintendant v. Hülsen wurde nachgesagt, er habe dabei seine Hand mit im Spiele gehabt.

147 *Roderich Kunibert Speichling* — trotz intensiver Nachforschungen hat sich in der dt. Literatur bis jetzt noch kein Dichter dieses Namens finden lassen.

Inhalt

Wilhelm Tell in Posemuckel 5
Schultze beim Eskimo 13
Der alte Landmann 17
Die Besteigung des Monte Cruce bei Berlin . . . 20
Von den Temperamenten 28
Neues Kommissions- u. Speditionsgeschäft 32
Grenzen des menschlichen Wissens 37
Der Paragu 38
Des Ahnherrn Fluch 40
„Der Erlkönig" von Göthe. Rezension 42
Ein erbrochener Berliner Stadtpostkasten 46
Dreißig Silvester-Gedanken 54
Antrittsrede, gehalten von Madame Piepmeier . . 61
Der fliegende Hund 64
Sokrates. Atheniensisches Künstlerdrama 68
Über stehende Heere 80
Über die Zukunft 83
Der Karneval 85
Note intime 88
Vom alten ehrlichen Deutschen 90
Aus dem „Musterbuch für das wahre Volk" . . . 94
Verschiedene Anzeigen 101
Illustriertes Intelligenzblatt der Zukunft 104
Die Handfibel 108
Der Cäsarismus 114
Sentenzen und Aphorismen 117
Szepter und Rosenstengel. Ein Roman in Briefen 120

Rothschild und Rossini 126
Makart's sieben Todsünden 130
Die Börse 135
Die letzte Revolution in Paris 138
Zur Theater-Gewerbefreiheit 142
Die schönste Stunde des Lebens 147

Nachwort 149
Anmerkungen 162